Àngels Campà
Université Autonome de Barcelone

Claude Mestreit
Université Autonome de Barcelone

Julio Murillo
Université Autonome de Barcelone
Membre du Conseil scientifique du CIPA
(Centre international de phonétique appliquée)

Manuel Tost
Université Autonome de Barcelone
Expert auprès du Conseil de l'Europe

FORUM
MÉTHODE DE FRANÇAIS 2
Cahier d'exercices

HACHETTE
Français langue étrangère
http://www.fle.hachette-livre.fr

SOMMAIRE

Rendez-vous sur Internet :
• Pour découvrir **FORUM**, partager vos expériences, trouver des tests linguistiques pour chaque unité du livre : www.club-forum.com
• Pour découvrir nos nouveautés, consulter notre catalogue en ligne, contacter nos diffuseurs ou nous écrire, rendez-vous sur : www.fle.hachette-livre.fr

Intervenants :
Couverture et conception graphique : Amarante
Réalisation : O'Leary
Secrétariat d'édition : Claire Dupuis
Crédits photographiques : Lucas Schifres, 4
Illustrations : Jean-Pierre Joblin (autres pages)

ISBN : 2 01 1551 38-2

© Hachette Livre 2001, 43, quai de Grenelle, 75905 Paris Cedex 15

Unité 1 : **RETROUVAILLES**

Interactions

1 **Présentations et salutations.**

Lisez le dialogue suivant et repérez les énoncés utilisés pour :

1 saluer quelqu'un : ....

2 se présenter/présenter quelqu'un à quelqu'un : ....
....

3 demander à quelqu'un de vous tutoyer : ....
....

4 dire ce qu'on/quelqu'un fait dans la vie : ....
....

5 indiquer les relations entre des personnes : ....
....

Faire connaissance

HELMUT : Ah ! tiens, Alberto, tu es là, toi aussi !… Bonjour, mademoiselle…

ALBERTO : Bonjour, Helmut !… Oui, tu vois, on se retrouve partout… Alicja, est-ce que tu connais Helmut ?

ALICJA : Non, non… je n'ai pas ce plaisir…

ALBERTO : Hum… Eh bien, je vais vous présenter… Voilà… Helmut, je te présente Alicja… Alicja comment, déjà ? J'oublie toujours ton nom de famille…

ALICJA : Wandruscka… Alicja Wandruscka, je sais, ce n'est pas facile à retenir…

ALBERTO : Ah oui, Alicja Wandruscka, polonaise, de Cracovie… Nous avons fait connaissance au forum de Trévarez, il y a deux ans. Alicja, j'ai le plaisir de te présenter mon copain Helmut Werner, de Munich. Tu sais, je t'ai déjà parlé de lui. Il est prof de français à Munich, dans une université populaire… Avec Helmut, nous nous connaissons depuis longtemps, nous avons été tous les deux étudiants Erasmus à Paris-VIII…

ALICJA : Eh bien, ravie de vous connaître, Helmut. Moi, je m'occupe de relations internationales à l'université de Cracovie. Vous êtes ici pour le congrès, vous aussi…

HELMUT : Ah non, il ne faut pas me dire vous… On se tutoie, hein ?

ALICJA : Bon, d'accord.

---

2 **Dialogue.**

Complétez ce dialogue entre Philippe et son ami Laurent.

1 PHILIPPE : .... ?

2 LAURENT : Très bien, merci. Et toi ?

3 PHILIPPE : .... ?

4 LAURENT : Non, Fabienne est restée à Paris. Elle avait du travail.

5 PHILIPPE : .... ?

6 LAURENT : À l'hôtel de la gare.

7 PHILIPPE : Je ne le connais pas du tout. .... ?

8 LAURENT : Pas mal, mais, de toute façon, je n'avais pas le choix. Tout était complet.

9 PHILIPPE : .... ?

10 LAURENT : Jusqu'à lundi matin.

11 PHILIPPE : .... ?

12 LAURENT : Non, en train.

13 PHILIPPE : .... ?

14 LAURENT : Oui, quand tu veux. Je suis libre à peu près tous les soirs.

3 **Récit de vie.**

Marie vient d'être embauchée comme traductrice dans une entreprise de produits pharmaceutiques. C'est son premier jour de travail. Au moment du déjeuner, un de ses nouveaux collègues lui demande si c'est son premier emploi. Marie lui raconte alors ce qu'elle a fait jusqu'à présent.

Imaginez que vous êtes Marie et, à partir des illustrations suivantes, présentez-vous à votre collègue sur une feuille séparée.

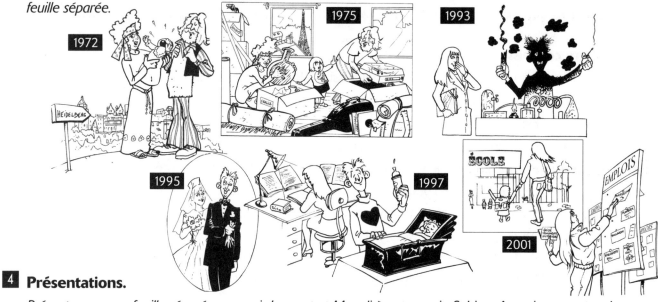

4 **Présentations.**

Présentez sur une feuille séparée vos amis Laurent et Magali à votre amie Sabine. Attention, vous ne devez pas tout dire dans une présentation !

Nom : Frenel   Prénom : Laurent
Âge : 28 ans
Nationalité : belge
Lieu de naissance : Bruges
État civil et situation de famille : marié, un enfant (Guillaume, 13 mois)
Taille : 1 m 79
Profession : musicien, il joue de la basse dans un groupe de jazz bruxellois
Adresse : 43, rue des Fleurs à Anvers (Belgique)
Téléphone : 346 57 53
Loisirs : le sport en général et le football en particulier, la philosophie et les voyages
Relation que vous avez avec cette personne : cousin de votre amie Lucie

Nom : Leduc   Prénom : Magali
Âge : 23 ans
Nationalité : française
Lieu de naissance : Toulouse
État civil et situation de famille : célibataire, sans enfants
Taille : 1 m 68
Signes particuliers : yeux bleus
Profession : professeur des écoles
Adresse : 16, rue de La Boétie à Grenoble
Téléphone : 04 85 85 85 85
Loisirs : le théâtre, la musique classique et la danse contemporaine
Relation que vous avez avec cette personne : ami d'enfance

Grammaire

5 **L'interrogation totale.**

*Transformez les questions suivantes en utilisant la forme avec inversion et la forme avec **est-ce que**.*

Avec intonation

1 Vous prenez l'Eurostar pour aller à Londres ?

2 Martin et Luc ont visité le centre Pompidou ?

3 Il a vu Luc ce matin ?

4 Elle prend le train de 7 heures ?

Avec *est-ce que*

1 ....

2 ....

3 ....

4 ....

Avec inversion

1 ....

2 ....

3 ....

4 ....

6 **L'interrogation partielle.**

1 *À partir de la phrase :* **Cette année, Benoît étudie chez lui le russe par correspondance**, *posez des questions sur :*

a le sujet de l'action : ....

b l'objet de l'action : ....

c le lieu : ....

d le temps : ....

e la manière : ....

2 *Vous n'avez pas compris une partie de la phrase suivante :* **Le président est arrivé à Caracas à 15 heures, avec le ministre des Affaires étrangères.** *Retrouvez les questions qu'on a posées pour obtenir les réponses suivantes :*

a – ....

– Le président.

b – ....

– À Caracas.

c – ....

– À 15 heures.

d – ....

– Avec le ministre des Affaires étrangères.

7 **C'est** ou **il/elle est** ?

Complétez les dialogues suivants.

– *Pourquoi tu prends le métro ?* ▶ – *Parce que* **c'est** *plus rapide que l'autobus.*

– *Tu as fini de lire le roman de Julien Gracq ?* ▶ – *Oui,* **il est** *très intéressant.*

1 – Tu la connais ?

– Bien sûr, ... ma cousine Lucie.

2 – Pourquoi tu ne prends pas ta voiture ?

– .... en panne.

3 – Il n'est pas venu au cours ?

– Non, ... malade.

4 – Pourquoi tu ne vas pas à Paris pour tes vacances ?

– .... trop cher.

5 – Pourquoi elle ne vient pas à la fête ?

– .... en voyage.

6 – Pourquoi tu n'achètes pas une moto ?

– Parce que .... dangereux.

7 – Pourquoi tu as accepté ?

– Parce que .... la solution la plus simple.

8 – Pourquoi est-ce que tu n'aimes pas ce film ?

– .... trop long.

8 **Présent, imparfait ou passé composé ?**

Conjuguez les verbes entre parenthèses. N'oubliez pas l'apostrophe si nécessaire.

Il y a cinq ans, je .... (être) chauffeur de poids lourds, mais je ....
(commencer) à avoir des douleurs dans le dos : je .... (devoir) changer de profession,
mais ce ne .... (être) pas facile de trouver du travail. Alors, ma femme, qui
.... (être) assistante maternelle, me .... (suggérer) de devenir
assistant maternel, comme elle. On .... (s'occuper) déjà ensemble des enfants qu'elle
.... (garder) le lundi, mon jour de congé. Je .... (suivre) une formation.
Je .... (être) le seul homme : il y .... (avoir) une très bonne ambiance.
Au début, ma femme me .... (donner) tout le temps des conseils. Il y a trois ans, nous
.... (accueillir) une petite fille qui .... (vivre) toujours chez nous. Elle
.... (avoir) neuf ans et nous .... (vouloir) l'adopter, mais, pour
l'administration, assistant maternel ne .... (être) pas un métier assez sûr !

9 **Le plus-que-parfait.**

Dites, à chaque fois, si l'action exprimée par le deuxième verbe se réalise en même temps, avant ou après l'action exprimée par le premier.

1 Il a retrouvé son livre de chimie. Il l'a rangé dans sa bibliothèque. ....

2 Il a retrouvé son livre de chimie. Il l'avait oublié à la cafétéria. ....

3 Il jouait avec ses enfants. Il a dû partir à l'hôpital pour une urgence. ....

4 Il ne pouvait pas ouvrir la porte. Il avait oublié les clés chez lui. ....

5 Il avait étudié toute la nuit. Il n'avait pas vu le temps passer. ....

6 Il a téléphoné à Paul. Il lui avait promis de lui donner de ses nouvelles. ....

7 Il a téléphoné à Paul. Il lui a parlé du projet. ....

10 Le plus-que-parfait.

Complétez les phrases suivantes avec les verbes : **lancer – venir – manquer – jouer – attendre –**
rouler. *Utilisez le plus-que-parfait.*

1 – Quand Jean-Paul et Françoise sont arrivés à Saint-Malo, ils étaient très fatigués. Pourquoi ?

– Parce que .... en voiture, et ils .... toute la nuit sans s'arrêter.

2 – Sonia n'a pas pu passer l'examen. Pourquoi ?

– Parce que .... les cours pendant toute l'année.

3 – Il venait de réaliser son rêve. Pendant trois ans, ... et enfin on venait de lui donner une réponse affirmative.

4 L'accident s'est produit à 21 h 17, mais le pilote .... un SOS à 20 h 55.

5 – C'était la première fois que vous jouiez dans un film comique ?

– Oui, jusque-là, je .... dans des drames et des films policiers.

11 Imparfait, passé composé ou plus-que-parfait ?

Conjuguez les verbes entre parenthèses.

1 En 1998, Nathalie .... (arriver) en septembre à Paris parce qu'elle

.... (obtenir) une bourse pour étudier le piano. Immédiatement, elle

.... (s'inscrire) au Conservatoire, mais elle .... (se sentir) très

seule. Un mois après, elle n'......................... (avoir) toujours pas d'amis. Mais, dès le mois de

décembre, la situation .... (changer). Julien .... (devenir) son ami.

2 Arrivée devant sa porte, elle .... (se souvenir) tout à coup qu'elle

.... (oublier) ses clés au bureau.

3 Après un voyage de deux mois en Argentine pendant lequel Aurélien ....(visiter)

plusieurs usines et .... (prendre) contact avec des ingénieurs et des responsables

du pays, il .... (être) content de retrouver sa femme, ses enfants et ses amis.

12 Les temps du passé.

Mettez ce texte au passé.

Patrick arrive au palais des congrès à Bruxelles et se présente à l'accueil. On lui remet un dossier et il monte s'installer dans sa chambre. Puis il descend à la cafétéria et s'assied à côté d'une jeune femme qui consulte le programme. Il commence à lui parler. Elle lui dit qu'elle est polonaise, qu'elle a habité à Wroclaw jusqu'à la fin de ses études universitaires et qu'elle est venue s'installer à Varsovie il y a un an à cause de son travail. De son côté, Patrick lui dit qu'il habite Lisbonne, mais qu'il a vécu pendant longtemps en Irlande.

Hier soir, ...

....

....

....

....

Vocabulaire et orthographe

13 Mots et expressions.

Trouvez dans la grille ci-contre le mot ou l'expression qui correspond aux définitions suivantes.

1 En septembre, l'école reprend, c'est la ....

2 Il cherche toujours à connaître, à savoir. Il est ....

3 Le spectacle plaît beaucoup. Il a un énorme ....

4 Le .... est un instrument à quatre cordes.

5 On la fête le 21 juin, elle peut être classique ou moderne.
C'est la ....

6 Pour souhaiter une heureuse arrivée on dit : « .... ! »

7 Il est à la tête d'une commune. C'est le ....

8 On y prépare le baccalauréat. C'est un ....

S	R	E	N	T	R	E	E	V
A	M	E	S	D	U	G	R	A
S	U	C	C	E	S	L	A	V
I	S	L	E	L	A	Y	C	I
J	I	F	F	E	L	C	U	O
L	Q	E	E	Y	E	E	R	L
R	U	M	A	I	R	E	I	O
B	E	O	F	H	U	F	E	N
B	I	E	N	V	E	N	U	E
I	A	F	U	A	G	E	X	G

14 Le préfixe *re-* ou *ré-*.

*Complétez avec **e** ou **é**.*

1 R...inscrire.   **3** R...jouer.   **5** R...éditer.   **7** R...distribuer.   **9** R...expédier.

2 R...discuter.   **4** R...grouper.   **6** R...inventer.   **8** R...planter.

15 Le préfixe *re-* ou *ré-*.

*Comparez les mots des deux colonnes. Dites si, dans les mots de la colonne de droite, la syllabe **re-** ou **ré-** : **a** n'a pas de sens particulier ; **b** traduit une idée de répétition ou de retour. Utilisez un dictionnaire si nécessaire.*

1 Garder.   Regarder : ....

2 La présentation.   La représentation : ....

3 Voir.   Revoir : ....

4 Venir.   Revenir : ....

5 Visiter.   Revisiter : ....

6 Tarder.   Retarder : ....

7 Dire.   Redire : ....

8 Connu.   Reconnu : ....

9 La lecture.   La relecture : ....

10 Construire.   Reconstruire : ....

11 Fermer.   Refermer : ....

12 Chanter.   Rechanter : ....

16 Les préfixes *in-/il-/im-/ir-*.

Quel est le contraire des mots suivants ?

1 Logique ≠ ....

2 Capable ≠ ....

3 Tolérance ≠ ....

4 Rationnel ≠ ....

5 Politesse ≠ ....

6 Attentif ≠ ....

7 Compétent ≠ ....

8 Égalité ≠ ....

9 Réelle ≠ ....

10 Perméable ≠ ....

17 **Les préfixes** *in-/il-/im-/ir-.*

Entourez les mots dans lesquels **in-/il-/im-/ir-** *sont des éléments qui indiquent le contraire. Utilisez un dictionnaire si nécessaire. Soulignez le préfixe.*

1 Inaudible.	**4** Irréfléchi.	**7** Illuminé.	**10** Incomplet.
2 Imbécile.	**5** Incertitude.	**8** Impérialisme.	**11** Incassable.
3 Impersonnel.	**6** Innocent.	**9** Incalculable.	**12** Imprévisible.

S'exprimer

18 **Ne pas répondre.**

Complétez les vignettes.

Alors, quand est-ce que tu vas te marier ?

Vous croyez vraiment qu'il faut qu'on parte de bonne heure ?

▲ *Marie ne veut pas répondre à la question.*   ▲ *Léa répond par une question.*

19 **Se renseigner.**

Vous êtes devant la gare d'une ville que vous ne connaissez pas. Vous voulez obtenir des renseignements et vous vous adressez à plusieurs personnes pour obtenir les informations suivantes.
À partir des éléments ci-dessous, imaginez les dialogues sur une feuille séparée.

Informations désirées	Informations obtenues
Adresse de l'auberge de jeunesse.	5, boulevard de la République.
Comment y aller.	Autobus.
Numéro de l'autobus.	Le 67.
Où se trouve l'arrêt.	L'arrêt se trouve en face.
Prix du billet.	1 euro.
Adresse d'un bureau de change.	Dans la gare.
Horaire du bureau de change.	Toute la journée.

20 **M. Leroux est distrait !**

Regardez les illustrations ci-dessous et imaginez les questions que Jacques Ripoix, l'employé du bureau des objets trouvés, pose à M. Leroux. Imaginez le dialogue entre Jacques Ripoix et M. Leroux. Travaillez sur une feuille séparée.

21 **Écriture.**

Le soir du 2 juillet, le commissaire Poulet fait un court rapport. Rédigez le rapport sur une feuille séparée à partir des informations et des images suivantes (données dans le désordre).

• **Commissaire Poulet :** 37 ans, chargé de l'inspection des douanes à l'aéroport de Genève.

• **Louis Vallet :** 45 ans, possède un passeport au nom d'André Dupont.

• **Martine Krémin :** 32 ans, se présente comme la secrétaire d'André Dupont.

Ce matin, …

Point-DELF

Magali et Benoît viennent de recevoir ce mél de leurs amis Jean-Christophe et Sabine. Rédigez le mél de Magali et Benoît sur une feuille séparée.

Message - Dest. : Véro.Monod@hotmail.com

Fichier Editer Visualiser Opérations Outils Fenêtre Aide

Exp. : jeanchetsabine@telnet.com   CC :
Dest. : magalietbenoit@yahoo.fr   CM :
Objet : nouvel appartement

Message :

Chers Magali et Benoît,
Ce petit mél pour vous demander de vos nouvelles.
Vous ne nous avez pas écrit depuis votre départ en
Suisse. Vous aimez Genève ? Est-ce que vous avez
déjà trouvé un appartement ? Quand est-ce que nous
pourrons venir vous rendre visite ?
On a envie de vous voir.
Gros bisous,
Jean-Christophe et Sabine

Envoyer Annuler Adresse Joindre

Interactions

1 Projets.

Lisez le dialogue ci-dessous.

1 *Répondez aux questions.*

a Quel est le projet que Patrick veut réaliser ? ....

Relevez les indications qui s'y rapportent. ....

....

b Patrick défend son projet, mais il sait qu'il y a des difficultés. Lesquelles ? ....

....

c À la fin du dialogue, est-ce qu'Elsa pense que le groupe va avoir beaucoup de succès ?

....

Justifiez votre réponse. ....

2 *Repérez les énoncés utilisés pour :*

a dire qu'on pense que le projet est réalisable : ....

....

b dire qu'on pense que le projet n'est pas réalisable : ....

....

PATRICK : Eh bien, moi, je crois que c'est tout à fait possible…

OMAR : Ah oui, comme ça ? Un concert à Paris, non mais… tu rêves…

ELSA : C'est ça ! Tu t'imagines que nous allons devenir célèbres avec notre groupe. Tu vois déjà l'affiche, hein… : « Le Club du Temple en concert, avec Patrick Raillard à la batterie, Omar Benamou à la guitare, David Dressler au clavier et Elsa Roman au violon… »

PATRICK : C'est ça, moquez-vous de moi. Je dis seulement que le groupe est capable de monter un concert le jour de la fête de la Musique.

OMAR : Le 21 juin ? Et où ?

PATRICK : Ici, si on sait s'y prendre…

ELSA : Ah oui, tu penses le monter ici, au square du Temple ? Je te signale qu'il y a déjà le groupe des Arts appliqués, ici.

PATRICK : Et alors ? Qu'est-ce que ça fait ? Un ou deux groupes, je ne vois pas ce que ça change : ce n'est pas la place qui manque. Bien sûr, il faut qu'on mette beaucoup de choses au point : d'abord, un programme de deux heures au moins. Et moi, j'aimerais bien qu'on trouve des chanteuses pour compléter notre spectacle.

DAVID : Ben, moi aussi, je pense que ça vaut le coup d'essayer… D'ailleurs, j'ai les papiers pour faire la demande, et ce n'est pas si compliqué que ça. Tiens, regarde : il faut les remplir et les envoyer à la coordination de la Fête à Paris.

ELSA : Ah, je sens qu'on va parler de nous dans le quartier…

▨ La fête de la Musique.

À partir du formulaire que David a reçu des organisateurs de la fête de la Musique, il note les informations demandées.

1 *Identifiez les points auxquels David a répondu.*

2 *À quel point David a-t-il oublié de répondre ?*

FÊTE DE LA MUSIQUE

Informations que vous devez envoyer

◯ **1** Nom, adresse et téléphone du responsable du concert.

◯ **2** Lieu et horaires du concert : précisez l'heure du début et la durée approximative, et s'il y a lieu, les temps prévus pour le montage et le démontage des installations et les répétitions sur site.

◯ **3** Descriptif sommaire du projet artistique : type de musique, nombre de formations ou musiciens programmés (vidéo, danse, exposition, etc.).

◯ **4** Publicité prévue (affiches, partenariat avec médias, etc.).

◯ **5** Un descriptif technique : emplacement des musiciens, puissance du matériel de sonorisation, espace prévu pour le public, source d'alimentation électrique, décor, effets spéciaux.

◯ **6** Estimer et signaler si la manifestation empêchera les véhicules de stationner ou circuler et nécessitera l'installation de barrières ou nécessitera la présence de forces de sécurité si vous attendez un public important.

N'hésitez pas à nous appeler si vous avez le moindre doute sur le site que vous avez choisi et prévoyez une implantation « de secours ».

---

a Concert : mélange de raï, rock, rap et funk. Quatre musiciens et une chanteuse qui chante en français et en arabe. Projection de diapos sur écran géant.

b Square du Temple. Concert entre 19 h et 21 h. Montage : 17 h – 19 h. Démontage : 21 h – 23 h.

c Affiches et articles prêts à être publiés. Contacts avec radios locales et le service communication de la mairie du 11ᵉ arrondissement.

d Omar Benamou, 13, av. Parmentier, Paris 75011, 01 45 65 75 87.

e Couper la circulation et interdire le stationnement devant le square de 17 h à 22 h.

f Le Club du Temple.

▨ Ne pas répondre.

Complétez les vignettes.

▲ *Élodie a changé le sujet de conversation.*   ▲ *Marie a donné une réponse neutre.*

4 **Opinion.**

Regardez l'illustration. Lisez les opinions des spectateurs et classez-les dans le tableau ci-dessous.

Opinion positive	Opinion négative	Ne se prononcent pas
....	....	....
....	....	....
....	....	....
....	....	....

Grammaire

5 **Le subjonctif.**

Donnez les premières personnes du singulier et du pluriel du présent du subjonctif des verbes suivants. Faites une phrase avec chaque verbe conjugué.

1 Aller : ....
....

2 Finir : ....
....

3 Devoir : ....
....

4 Pouvoir : ....
....

5 Venir : ....
....

6 Être : ....
....

7 Vouloir : ....
....

6 Le subjonctif.

Complétez les énoncés suivants.

1 Maman veut que tu .... (aller) chercher les enfants à 5 heures à l'école et qu'au retour tu .... (acheter) une baguette.

2 C'est bien que les magasins .... (ouvrir) le dimanche, mais il faut que les employés .... (avoir) deux journées de repos par semaine.

3 Je veux bien que vous .... (regarder) la télé ce soir, mais j'aimerais que vous .... (faire) vos devoirs d'abord.

4 Je suis contente qu'il .... (avoir) une bourse pour aller étudier à Berlin, mais je suis triste qu'il .... (partir).

7 Subjonctif ou indicatif ?

*Lisez les énoncés suivants et utilisez la forme du verbe **avoir** qui convient.*

1 Je pense que ce film n'............................. aucun succès.

2 C'est dommage que ce film n'............................. aucun succès.

3 Je constate que ce film n'............................. aucun succès.

4 Je ne crois pas que ce film .... beaucoup de succès.

5 On dit que ce film n'............................. aucun succès.

6 Je voudrais que ce film .... beaucoup de succès.

7 Je suis content que ce film .... du succès.

8 Temps et mode.

Mettez les verbes entre parenthèses aux temps et mode qui conviennent.

Julie est surprise que François .... (être) en retard.

Elle .... (avoir besoin) d'acheter du papier à musique et c'est François qui .... (avoir) la voiture. Julie ne .... (pouvoir) pas y aller à pied et Annick ne veut pas qu'elle .... (prendre) sa voiture. Alors, Julie .... (se fâcher), elle .... (penser) que François .... (avoir) un empêchement et qu'il ne .... (venir) pas. Elle .... (vouloir) donc qu'Annick lui .... (prêter) sa voiture. Mais Annick .... (penser) qu'elle ne .... (conduire) pas assez prudemment.

9 Subjonctif ou infinitif ?

Associez (à l'aide de flèches) les énoncés suivants (plusieurs solutions sont parfois possibles).

1 C'est dommage que	a Hacène nous fait beaucoup rire.
2 Elle craint de	b inviter ses amis à la fête.
3 Il est vrai que	c Marc ne vienne pas avec nous.
4 Il faut	d mon retour ne soit pas pour demain.
5 Il faut que François	e ne pas trouver de places pour le concert.
6 J'ai bien peur de	f retourner à la mairie.
7 Louise regrette que	g revenir au pays.
8 Marie souhaite	h se fasse un nom dans une grande ville.

10 Les comparatifs.

Complétez les énoncés suivants en exprimant une comparaison.

1 Il est .... Alan. (= susceptible)

2 Il y a .... que l'an dernier. (= monde)

3 Nina est .... Hacène. (+ raisonnable)

4 Il y a .... que dans les Alpes. (– neige)

5 Aurélien joue .... beaucoup d'acteurs professionnels. (+ bien)

6 Il a .... maintenant. (– le trac)

7 Ma voiture est .... la tienne. (– rapide)

8 Son frère est .... elle. (= insupportable)

9 Elle mange .... lui. (+)

11 *Mieux* ou *meilleur* ?

*Complétez avec **mieux** ou **meilleur**.*

1 On prépare .... le poisson ici que « Chez Louis ».

2 La .... époque pour visiter la Grèce, c'est le mois d'octobre.

3 Elle parle l'italien .... qu'Alain, mais lui, il a un .... accent.

4 La choucroute de Marcel est très bonne, mais celle de Francis est ....

5 Aurélie va beaucoup .... Elle a .... mine depuis qu'elle s'est reposée.

6 Ton couscous est excellent et je dois dire qu'il est .... que celui de Martin.

12 Les pronoms relatifs.

*Complétez les énoncés suivants avec **qui, que, où, dont, ce qui** ou **ce que**.*

1 Le train est le moyen de transport .... je préfère.

2 Nantes est une ville .... vous séduit immédiatement.

3 L'écologie, c'est une question .... on parle beaucoup en ce moment.

4 L'ouest de la France est une région .... il y a des plages magnifiques.

5 On ne peut pas toujours faire .... on veut, ou .... nous plaît.

6 Je n'ai pas trouvé .... tu m'avais demandé.

13 Propositions relatives.

Complétez les énoncés à l'aide des indications entre parenthèses qui permettent de caractériser les mots soulignés. Employez le pronom relatif qui convient. Travaillez sur une feuille séparée.

(Je suis né dans cette maison.) Je vais vous montrer la maison…

▶ *Je vais vous montrer la maison où je suis né.*

1 (Les chambres avaient vue sur la mer.) Nous avions deux chambres…

2 (Ce problème nous concerne tous.) Il s'agit d'un problème…

3 (Pierre a passé son bac ce jour-là.) Je me souviens très bien du jour…

4 (Tu m'avais conseillé de lire le dernier roman de Delerm.) J'ai emprunté à la bibliothèque le dernier roman de Delerm…

5 (On a beaucoup parlé dernièrement de cette affaire.) En effet, c'est une affaire…

6 (Elle a été nommée responsable du service après-vente.) Elle est passée au service après-vente…

14 La mise en relief avec *c'est…. qui, c'est… que.*

Transformez les énoncés suivants comme dans l'exemple.

   Le service culturel décide. ▶ *C'est le service culturel qui décide.*

   1 Il faut vous adresser <u>à eux</u>. ➜ ....

   2 Alan joue en premier <u>ce soir</u>. ➜ ....

   3 Nous allons <u>à Nantes</u> en juillet. ➜ ....

   4 Je préfère <u>le violon</u> comme instrument de musique. ➜ ....

   5 <u>Tu</u> as commencé la discussion. ➜ ....

15 *C'est… qui, c'est … que.*

Complétez les échanges.

   1 – C'est .... avez acheté cette voiture jaune ?

      – Oui, j'aime bien cette couleur.

   2 – C'est .... as pris la voiture hier soir ?

      – Non, c'est Marine.

   3 – C'est Nathalie .... a fait la vaisselle ?

      – Oui, mais elle n'a pas lavé les casseroles.

   4 – C'est demain .... tu pars ?

      – Non, après-demain.

   5 – Votre sœur m'a téléphoné hier, je crois ?

      – Non, non, c'est moi ....

   6 – Tu as pris le courrier ?

      – Mais non, tu sais bien que c'est toujours Caroline ....

   7 – Cet été, c'est à Rome .... allez ?

      – Oui, oui, en juillet.

Vocabulaire et orthographe

16 Mots et expressions.

Classez les mots et expressions suivants dans le tableau ci-dessous (plusieurs solutions sont possibles).

Puis cherchez dans un dictionnaire d'autres mots que vous pourriez ajouter à chaque catégorie.

L'orgue – la scène – le blues – le metteur en scène – la pop – la guitare – les paroles – la rumba –
la batterie – la salsa – le rap – le refrain – le rock – la flûte – le sketch – le texte – le titre – les acteurs.

Un style de musique	Des instruments de musique	Une chanson	Le théâtre
....	....	....	....
....	....	....	....
....	....	....	....
....	....	....	....
....	....	....	....
....	....	....	....

17 Attention à l'orthographe !

*Complétez avec **qu'elle, quel** ou **quelle**.*

1 .... spectacle !

2 Et Aline, qu'est-ce .... veut comme dessert ?

3 .... train prends-tu pour aller à Paris ?

4 Il est .... heure, s'il vous plaît ?

5 Vous savez .... joue aussi du saxo ?

6 Je suis vraiment contente .... vienne avec nous.

7 .... comédienne, alors !

18 Les adverbes en *-ment*.

Cherchez dans un dictionnaire l'adverbe correspondant.

1 Affectueux ➜.................................... **6** Social ➜....................................

2 Franc ➜.................................... **7** Fort ➜....................................

3 Profond ➜.................................... **8** Juste ➜....................................

4 Évident ➜.................................... **9** Violent ➜....................................

5 Gentil ➜.................................... **10** Dangereux ➜....................................

19 Les adverbes en *-ment*.

Classez les mots suivants selon qu'ils indiquent la manière ou qu'ils indiquent une action. Utilisez le dictionnaire si nécessaire.

Amicalement – classement – joyeusement – grossièrement – déménagement – anxieusement – heureusement – groupement – accouchement – terriblement – lourdement – traitement.

Manière	Action
....	....
....	....
....	....
....	....
....	....
....	....
....	....

20 Les préfixes *-able* et *-ible*.

Reformulez les énoncés suivants comme dans l'exemple.

Ce texte est incompréhensible. ▶ ***On ne peut pas comprendre ce texte.***

1 Cette situation est inadmissible. ➜ ....

2 Ce pantalon n'est plus mettable. ➜ ....

3 Il a une écriture très lisible. ➜ ....

4 Ce problème n'est pas faisable. ➜ ....

5 C'est un collaborateur irremplaçable. ➜ ....

6 Cette réforme est inapplicable. ➜ ....

S'exprimer

21 **Reprocher quelque chose à quelqu'un.**

Imaginez ce que répondent les personnages des illustrations suivantes.

> J'ai invité cinquante personnes pour mon anniversaire. Ça ne te dérange pas ?

> Maman, je suis en retard. Je prends ta voiture.

> Je ne te l'ai pas dit, mais j'ai oublié de poster ta lettre.

> C'est beaucoup trop salé...

1 ....

2 ....

3 ....

4 ....

22 **Le livre d'or.**

Vous avez visité l'exposition d'un artiste contemporain. À la sortie, vous inscrivez sur le livre d'or votre opinion, vous insistez sur ce qui vous a plu/déplu, etc. Travaillez sur une feuille séparée.

23 **Écriture.**

Vous êtes allé(e) voir un film ou un spectacle. Vous écrivez une lettre à un(e) ami(e) pour lui raconter que vous êtes allé(e) voir ce spectacle et vous lui donnez votre opinion. Vous insistez sur ce que vous avez aimé/n'avez pas aimé, ce qui vous a attiré(e)/ne vous a pas attiré(e), ce que vous avez détesté, etc. Travaillez sur une feuille séparée.

DELF Unité A2 – Oral 1
Présentation et défense d'un point de vue

Observez le document ci-dessus et décrivez-le.

1 Quel est le problème ?

2 Qu'en pensez-vous ?

Pour préparer l'épreuve

Répondez aux questions suivantes sur une feuille séparée.

1 De quel type de document s'agit-il ? un dessin humoristique, une publicité, une vignette de
BD, une illustration d'article… ? Justifiez votre réponse.

2 Où a lieu la scène ? Que font les personnages ? Pourquoi ?
Quel est le prix des entrées au guichet ? À quel prix le jeune homme les vend-il ?

3 Feriez-vous comme ces jeunes gens ? Pourquoi ?

Interactions

1 Qui dit quoi ?

Retrouvez l'ordre du dialogue suivant et dites qui dit quoi (Odile ou Nathalie).

① a ODILE :   Et ça se passe comment une entrevue professionnelle ?

○ b .... : Tu peux quand même ne pas répondre, je suppose.

○ c .... : Ben… sur tout et sur n'importe quoi. On te demande où tu habites, les études que tu as faites, où tu as travaillé, si tu es marié… si tu as des enfants.

○ d .... : On te pose des questions et tu réponds.

○ e .... : Mais ils le savent déjà. S'ils m'ont convoquée, c'est qu'ils connaissent mon CV.

○ f .... : Des questions sur quoi ?

○ g .... : On peut aussi te poser des questions sur tes goûts, tes loisirs, tes occupations pendant le week-end…

○ h .... : Bien sûr. Et eux, ils sont libres de ne pas t'embaucher…!

2 Décoder les offres d'emploi.

Lisez les quatre annonces et répondez aux questions.

a Rech. vendeuse boulangerie avec CAP 18-25 a habitant XVe pour CDD. Réf. exigées. Repos dim/lundi. Tél. 01 45 45 45 45.

b JH. 23 a, BTS. exp. cabinet PME banl, ch. tps partiel. Bilans, payes, déclarations. Étudie ttes prop. Tél. 06 45 87 87 87.

c Société européenne rech. secrétaire avec exp. CAP, TdT. anglais, allemand, italien, tps partiel. max. 45 ans. CDI. adresser CV au DRH. Réf. exigées. Envoyer CV à m.morel@cgif.net

d Rest. ch. serveurs. CDD. RV restaurant La Marmite 3, av. de la Gare samedi 13 à 21 h.

1 Quelles sont les demandes d'emploi ? Qui cherche un emploi ? Quelles sont les études, la formation du/des demandeur(s) d'emploi ?

....

....

....

2 Quelle(s) est/sont l'/les offre(s) d'emploi ? À quelles conditions doivent répondre les candidats ?

....

....

....

3 Rédigez en toutes lettres les petites annonces ci-dessus pour pouvoir les lire à haute voix.

....

....

....

....

....

....

....

4 Composez une petite annonce d'offre d'emploi (maximum 4 lignes = 120 caractères). Imaginez de quel emploi il s'agit, quels sont les caractéristiques du poste et le profil des candidats.

....

....

....

....

3 Offre de stage.

Lisez l'offre de stage ci-dessous et répondez aux questions suivantes.

a Est-ce que ce stage s'adresse aux hommes ? aux femmes ? aux hommes et aux femmes ?............

....

....

b Quelle est la durée du stage proposé ? ....

....

c Quel est le niveau d'études et les compétences que doivent posséder les candidats ?....................

....

d Combien gagneront les candidats retenus ? ....

....

Référence 010010053

Compagnie générale des banques recrute 20 stagiaires pour ses services commerciaux :
Jeunes diplômés bac + 4/5
Diplômés écoles de commerce, IUP ou 3e cycle.
Stage de spécialisation de 6 mois.
Rémunération : 550 €
Maîtrise de l'allemand et de l'italien.
Mobilité géographique : sud-est de la France, Suisse et nord de l'Italie.
Merci d'adresser votre candidature (CV et lettre de motivation) en précisant la référence à Adrienne Leduc, responsable des ressources humaines.
22, place de la Bourse 75002 Paris
adrienne.leduc@compagnie.generale.org

4 Qu'est-ce qu'ils en pensent ?

Faites-les parler.

Grammaire

5 Les emplois du subjonctif.

Complétez les énoncés de la colonne de droite.

Ce que les personnes pensent	Ce qu'elles voudraient
Mon mari et moi, nous n'allons pas assez souvent au cinéma.	▶ ***J'aimerais que nous allions plus souvent au cinéma.***
1 Tu n'étudies pas assez.	**1** Je voudrais que ....
2 Les gens ne sont pas assez tolérants.	**2** J'aimerais que ....
3 Vous regardez trop la télévision.	**3** J'aimerais bien que ....
4 Tu n'es pas gentille avec ta sœur.	**4** Je voudrais que ....
5 Les gens ne respectent pas la nature.	**5** J'aimerais que ....

6 Subjonctif ou indicatif ?

Complétez les échanges.

– *Nous sommes obligés de travailler demain ?*

▶ – *Oui, je suis désolé… mais si nous ne travaillons pas demain, je doute que nous **puissions** envoyer le rapport lundi.*

1 – Jean n'est pas là ? !

– Si, si, je suis sûr qu'il .... là. Sa voiture est dans la cour.

2 – Vous dites qu'il a pris le train de 8 heures ?

– Non, il devait prendre le train de 8 heures, mais je ne suis pas sûr que ....

3 – Vos enfants ne travaillent pas assez.

– Oui, c'est évident que ...., mais ils réussissent.

4 – Il est déjà 11 heures. Elle ne va pas venir !

– Oui, à cette heure-ci, je doute que ....

5 – Marie ne viendra peut-être pas à la fête.

– Pourquoi ? Moi, je suis sûr que .... puisque Christophe va venir.

6 – Ils ne trouveront pas leur chemin.

– Tu as raison, moi aussi je crains que ....

7 Exprimez vos désirs et vos craintes.

Que pensez-vous du monde dans lequel vous vivez ?

1 J'aimerais que ....

2 Il est certain que ....

3 J'ai peur que ....

4 Il est injuste que ....

5 Il faudrait que ....

6 Je crains que ....

7 Je ne suis pas sûr(e) que ....

8 Je doute que ....

9 Je suis sûr(e) que ....

8 Le conditionnel.

Mettez les verbes entre parenthèses au conditionnel.

1 En haut, ils .... (être) plus tranquilles, mais ils préfèrent rester ici.

2 Est-ce que nous .... (pouvoir) rencontrer le responsable ?

3 Aurélien et Nina .... (vouloir) réserver une table dans ce restaurant.

4 Tu .... (aimer) aller au théâtre avec Jacques ?

5 Est-ce que vous .... (venir) dimanche prochain avec nous ?

6 Si on lui donnait un plan, elle .... (savoir) trouver son chemin.

9 Le conditionnel.

Complétez les énoncés suivants.

1 Je .... avec plaisir une boisson glacée.

2 Tu crois que si on finissait rapidement, on .... aller danser ?

3 Si elle se dépêchait, nous .... au cinéma ce soir.

4 Si vous veniez nous voir, ce .... génial ! Nous ....
visiter les grottes de Lascaux.

5 Je pense que tu .... l'inviter à dîner.

10 Conditionnel présent ou passé ?

Mettez les verbes entre parenthèses au conditionnel présent ou passé.

1 Je .... (acheter) volontiers une nouvelle voiture.

2 D'après Danièle, Luc et Nicole .... (partir) en vacances hier.

3 Il ne lui .... (pardonner) jamais s'il était arrivé en retard à la réunion.

4 Tu .... (devoir) aller voir le médecin, comme je te l'avais dit.

5 Bonjour, madame, je .... (vouloir) une baguette, s'il vous plaît.

6 Demain, ils .... (pouvoir) prendre le train au lieu de partir en voiture.

11 L'expression de la condition et de l'hypothèse.

Complétez les énoncés suivants.

1 Si nous avions pris nos vacances en juillet, ...

2 S'il avait épousé ta sœur, ...

3 S'il déménage à Vannes, ...

4 Si l'Europe était un seul et même pays, ...

5 Si j'avais décidé de monter ma propre troupe, ...

6 Si tu avais mieux préparé ton examen, ...

12 L'expression de la condition et de l'hypothèse.

Complétez les énoncés suivants.

1 Je t'achèterais une voiture si ....

2 Nous irons en vacances au Mexique si ....

3 Je te passe mon écharpe si ....

4 Je me marierai avec lui si ....

5 Je serais venue vous rendre visite si ....

13 *Si.*

*Reformulez les énoncés soulignés en commençant par **si**.*

1 <u>Avec un public un peu plus nombreux</u>, on pourrait terminer la saison plus tôt.

....

2 <u>Quand vous arrivez après dix heures</u>, sonnez.

....

3 <u>Sans les applaudissements du public</u>, un acteur n'est rien.

....

4 <u>Sans lui</u>, je me perdais dans les rues de Saint-Malo.

....

5 <u>Avec le temps</u>, on peut faire beaucoup de choses.

....

6 <u>À condition de réserver au moins un mois à l'avance</u>, vous pouvez trouver une place de camping.

....

7 <u>À ta place</u>, je partirais dès le mois de juillet.

....

8 <u>À moins d'avoir un ami qui a une agence de voyages</u>, vous ne trouverez jamais un billet pour Paris.

....

Vocabulaire et orthographe

14 Les intrus.

Barrez les expressions qui désignent les documents écrits qui n'ont aucun rapport avec la recherche d'un travail.

Un CV – une lettre de motivation – une lettre de réclamation – une petite annonce d'offre d'emploi –
un prospectus – une lettre de recommandation – un entretien d'embauche – un mél à un ami –
un certificat de travail – une déclaration d'impôt – un diplôme.

15 Le féminin des noms de profession.

Donnez le féminin des noms de métier suivants. Employez-les dans une phrase.

1 Le boulanger, ...

2 Le juge, ...

3 Le dessinateur, ...

4 Le garagiste, ...

5 Le professeur, ...

6 Le technicien, ...

7 L'architecte, ...

8 Le secrétaire, ...

9 Le commerçant, ...

10 Le vendeur, ...

16 Attention à l'orthographe !

*1 Complétez avec **si c'était** ou **s'il s'était**.*

a .... marié avec Karin, il serait allé vivre en Allemagne.

b .... à refaire, je ne choisirais pas la même peinture.

c .... obligatoire, ils auraient dû nous le dire.

d .... occupé du dossier, on aurait pu obtenir une subvention.

*2 Complétez avec **-ai, -ais, -er** ou **-ez**.*

a Je voudr............ all............ écout............ la violoniste.

b Si vous ven............, je vous fer............ visit............ la région.

c Si je rentr............ en Bretagne, je devr............ cherch............ un logement.

d Aujourd'hui, j'ir............ cherch............ les enfants à l'école.

S'exprimer

17 Projets d'avenir.

Vincent et Louise sont dessinateurs. Aujourd'hui, ils ont un entretien pour obtenir un contrat avec la société Madas. Observez les illustrations et imaginez quels sont leurs projets s'ils obtiennent le contrat. Rédigez leur dialogue sur une feuille séparée.

18 Dans dix ans...

Imaginez ce que vous ferez dans dix ans. Où habiterez-vous ? Serez-vous marié(e) ? Aurez-vous des enfants ? Quels seront vos occupations ? vos loisirs ? votre emploi ? Rédigez un texte d'une dizaine de lignes sur une feuille séparée.

19 Le recrutement.

Sylvie Bertrand a un entretien la semaine prochaine pour un poste de chargé(e) de communication.
Pour se préparer, elle imagine qu'on lui demande de se présenter et elle enregistre sa réponse. Voici la transcription de son enregistrement.

D'après le texte, quelles sont ses études ? A-t-elle déjà travaillé ? Est-elle allée à l'étranger ?

....

....

....

Je m'appelle Sylvie Bertrand et j'habite à Montpellier, 3, rue Jean-Jaurès et mon numéro de téléphone est le : 04 66 20 72 68. J'ai 28 ans. Depuis mon adolescence, je m'intéresse au cinéma et aux langues étrangères. Je suis inscrite à un ciné-club et, d'autre part, j'ai fait plusieurs séjours à l'étranger en été. J'ai été monitrice dans des colonies de vacances et dans des centres aérés de ma région quand j'avais 18 ans. J'aime beaucoup les enfants.

Je suis allée au lycée Gustave-Eiffel où j'ai fait de l'anglais et de l'allemand. J'ai passé mon bac en 1997. La même année, après mon bac, je me suis inscrite à l'Institut universitaire de technologie de Montpellier dans la section Commerce et Tourisme et j'ai obtenu un contrat de travail en alternance à mi-temps, dans une usine de meubles. Je faisais du secrétariat et je m'occupais aussi du contrôle des bons de livraison. Tous les étés, pendant les vacances, je partais à l'étranger : en Allemagne, en Autriche et en Irlande et j'ai pu ainsi me perfectionner en anglais et en allemand.

En 1999, j'ai présenté mon mémoire de fin d'études et j'ai eu mon diplôme avec mention. Je suis restée à Meubles confort jusqu'en avril 1999, puis j'ai fait un remplacement de quatre mois à l'accueil du foyer Concordia. Nous étions chargés du courrier, du téléphone, des messages personnels et de la diffusion des communications de la direction. À la rentrée, j'ai continué à avoir quelques heures à l'accueil du foyer. La direction a créé un club Internet et elle m'a demandé de m'en occuper. J'en ai profité pour m'inscrire à un stage d'informatique.

Je viens de terminer mon stage et quand j'ai lu votre annonce, je me suis dit que je réunissais les conditions exigées pour ce poste et que ce poste peut me permettre de compléter efficacement ma formation.

2 *À partir du texte, établissez le CV de Sylvie Bertrand sur une feuille séparée.*

3 *Rédigez la lettre de motivation demandée à partir du document ci-dessus et de l'offre d'emploi suivante.*

Référence 002010034

RTRS FRANCE

1 poste de chargé(e) de communication.

CDI – disponibilité immédiate.

RTRS France recherche diplômé(e) IUT, école de tourisme ou DESS communication, pour sa section médias, édition, publicité.

Le candidat devra s'établir à Lyon.

Rémunération à négocier.

Mission : associé(e) à la gestion quotidienne du département.

Compétences informatiques. Sens et motivation pour la communication.

Sens de l'organisation.

Langues parlées : anglais, allemand, espagnol.

Expérience souhaitée mais non indispensable.

Contactez :

RTRS France – 15, avenue Saint-Exupéry – 69000 Lyon

adrienne.meyner@rtrs-france.com

DELF Unité A3 – Écrit 1
Analyse du contenu d'un texte

Enjoliver son CV, c'est risqué ?

Oublier la mention « stage » dans les quelques lignes qui décrivent une expérience professionnelle ou mettre « diplôme » pour un simple certificat d'anglais obtenu à Oxford, ça enjolive le CV et ça ne mange pas de pain, vous dites-vous. Sauf que…

• **On peut vous attaquer si vous avez menti.** C'est ce qui est arrivé à un cadre qui disait posséder un DESS et une formation suivie dans une école de commerce. Résultat : son contrat a été annulé.

• **Tout est vérifié.** Les CV sont regardés à la loupe, les anciens employeurs et les lieux de formation fréquentés sont contactés. Si vous enjolivez « trop » votre parcours, vous ne serez pas pris(e). Ou, après coup, vous serez mis(e) au placard (les DRH n'aiment pas qu'on les roule dans la farine).

• **Vous risquez de vous trouver en difficulté pendant l'entretien.** Vous allez vouloir expliquer que « Non, en effet ce n'était pas vraiment un diplôme reconnu par l'État, mais que… vous pensiez que… », confusion qui va aboutir à un « Merci, je vous rappelle. » Vous avez compris : inutile d'attendre. Selon Annick Oger-Stefanink, consultante en recrutement, « il faut se présenter de manière positive, mais sans tricher ». Par exemple, si vous avez suivi un stage, laissez-le dans les expériences professionnelles (surtout pas de sous-partie « stages » sur un CV), présentez-le par la fonction que vous avez occupée. Mais n'oubliez pas de mentionner, en fin de paragraphe, qu'il s'agit d'un stage effectué au cours de… Une autre indication qui vous permet de mettre en valeur votre CV sans tricher : la durée d'un job. Au lieu d'écrire « de mars à juillet 96 », inscrivez simplement l'année. Lors de l'entretien, vous préciserez que ce CDD a duré cinq mois, et non douze. Tant que vous ne vous perdez pas dans des explications sans fin, ça va.

D'après Biba, *juillet 1999.*

---

1 *Répondez aux questions suivantes.*

a Quand on cherche du travail, on peut être tenté d'améliorer son CV. Qu'est-ce que l'on peut faire ? Qu'est-ce qu'il ne faut pas faire ?

b Comment vérifie-t-on que le CV présenté par un candidat est conforme à la réalité ?

c Quel adjectif reconnaît-on dans les verbes *annuler* et *enjoliver* ?

d D'après ce texte, qu'est-ce qui peut se passer si on améliore trop son CV ?

2 *D'après le contexte, quel est l'énoncé qui a un sens proche de chaque expression ?*

a Ça ne mange pas de pain :
○ ça ne trompe personne ;
○ ça n'est pas pour un poste de boulanger ;
○ ça n'entraîne aucune conséquence désagréable.

b Regarder à la loupe :
○ photocopier ;
○ analyser dans le détail ;
○ lire sans faire attention.

c Mettre quelqu'un au placard :
○ donner un poste sans responsabilité à quelqu'un ;
○ expulser quelqu'un ;
○ donner un poste important à quelqu'un.

d Rouler quelqu'un dans la farine :
○ donner trop de détails ;
○ chercher à le tromper, à lui cacher la vérité ;
○ montrer à quelqu'un la situation sous un aspect agréable.

Interactions

1 **Dialogue.**

Remettez dans l'ordre les répliques de Béatrice pour compléter le dialogue ci-dessous.

a C'est Marie. Elle a eu l'idée de téléphoner à sa secrétaire comme si c'était un client.

b Eh bien, les prix, les délais, le type de publicité. Nous avons préparé un dossier comparatif, bien sûr.

c Mais voilà justement Quinet qui arrive. Je vais vous chercher le dossier, à tout de suite.

d Non, d'habitude c'est moi qui téléphone.

e Non, évidemment.

f Oui et ils sont bien plus avantageux que ceux de Quinet.

Antoine Michaud négocie avec l'agence Quinet une campagne publicitaire pour un nouveau produit. Il a rendez-vous avec M. Quinet pour préciser le contrat, mais il a aussi demandé à sa secrétaire, Béatrice Duchamp, de se renseigner sur les prix et les conditions proposés par une autre agence, la société Publinet.

ANTOINE :   Alors, Béatrice, on connaît les prix et les conditions de Publinet ?

BÉATRICE :   ....

ANTOINE :   Comment vous le savez ? Quinet doit venir ce matin avec sa proposition.

BÉATRICE :   ....

ANTOINE :   Et la secrétaire de Quinet n'a pas reconnu sa voix ?

BÉATRICE :   ....

ANTOINE :   Et qu'est-ce qu'elle a demandé ?

BÉATRICE :   ....

ANTOINE :   Au moins, elle n'a pas dit quel est le produit que nous voulons faire connaître ?

BÉATRICE :   ....

ANTOINE :   Apportez-le-moi tout de suite, je vais le regarder avant l'entretien avec Quinet.

BÉATRICE :   ....

---

2 **Faits divers.**

1 Lisez les textes ci-contre et page suivante et répondez aux questions pour chacun des faits divers.

a Qui a fait quoi ? ....

....

....

b Où ? ....

....

c Quand ? ....

....

Marseille

La police a arrêté un jeune homme de 20 ans qui roulait à 260 km/h dans sa Ferrari sur l'autoroute du Soleil, a-t-on appris vendredi.

L'homme se dirigeait de Lyon vers Marseille et aurait affirmé qu'il était « un peu pressé ». La police lui a retiré son permis de conduire.

a Qui a fait quoi ? ....

....

....

b Où ? ....

c Quand ? ....

....

2 Racontez dans l'ordre chronologique les deux faits divers.

....

....

....

....

....

....

....

Lille

Un homme de 30 ans, propriétaire d'un doberman, a été arrêté et conduit au poste de police. Son chien aurait attaqué trois personnes qui ont été légèrement blessées. Les faits se sont produits mercredi au cours d'une dispute entre deux groupes de personnes. L'homme avait lâché son chien sur deux hommes et une femme qui ont été mordus. Il a pris la fuite avant d'être rattrapé par des policiers et il a de nouveau lâché son doberman qui a mordu un agent de police.

3 **Souvenez-vous.**

Regardez l'illustration. Lisez les opinions des gens et classez-les dans le tableau ci-dessous.

Exprime son accord	Exprime son désaccord
....	....
....	....
....	....
....	....
....	....
....	....

(annotation top right:) conjugate être in the tense of the verb in question

Grammaire

4 Le passif.

Transformez les formes verbales actives en formes passives.

1 Le musée de la ville a acheté une esquisse de Picasso.

Une esquisse de Picasso a été acheté par le musée de la ville

2 Un milliardaire américain achète une esquisse de Picasso.

Une esquisse du Picasso est achetée par un milliardaire american

3 Un marchand d'œuvres d'art avait acheté une esquisse de Picasso.

Une esquisse de Picasso avait été achetée par un marchand d'œuvres d'art.

4 La mairie de Rome achètera une esquisse de Picasso.

Une esquisse de Picasso sera achetée par la mairie de Rome.

5 Après la Seconde Guerre mondiale, le baron de La Motte achetait des esquisses de Picasso.

Des esquisses de Picasso étaient achetées par le baron de La Motte

5 Le passif.

Complétez les énoncés suivants.

1 – Pierre travaille toujours à Mulhouse ?

– Non, *il a été embauché* (embaucher) à Strasbourg.

2 – Benoît a son entretien mardi ? *[interview]*

– Oui, sa candidature *a été accepté* (accepter).

3 – Que s'est-il passé ?

– Pauline *a été mordue* (mordre) par un chien.

4 – On va renouveler son contrat ? *[renew]*

– Oui, elle *a été* très *appréciée* (apprécier) dans son travail.

5 – Pourquoi est-ce qu'on ne pourra pas passer par le boulevard cet après-midi ?

– Parce qu'une manifestation *est prévue* (prévoir) à 17 heures.

6 – Ils n'ont pas encore terminé l'autoroute ?

– Non, elle *sera ouvrée* (ouvrir) à la circulation en septembre prochain.

6 Le passif.

*Reformulez les énoncés suivants sans employer le pronom **on**.*

1 On a recensé 201 000 demandeurs d'emploi aux Pays-Bas. *take census of*

201,000 demandeurs d'emploi aux Pays-bas ont été recensé

2 On a condamné la société Xirox à payer 5 000 euros.

La société Xirox a été condamné à payé 5000 €

3 On a enregistré le discours de Bill Gaps. *recorded*

Le discours de Bill Gaps a été enregistré

4 On ne l'a pas embauchée. On a jugé son niveau d'anglais insuffisant. *hired* *Elle n'a pas été embauchée*

parce que le niveau de son anglais a été jugé insuffisant

5 On a chargé M. Jabert de faire un rapport sur la vie dans les prisons.

La tâche de faire un rapport sur la vie dans prison a été chargé à M. Jabert

31

Unité 4

7 Les indéfinis.

Complétez le texte suivant avec les adjectifs et les pronoms indéfinis aucun, certaines, d'autres, plusieurs, quelques, quelqu'un, tous.

> *Le directeur d'une entreprise revient de voyage et parle à son secrétaire.*
>
> LE DIRECTEUR : Vous avez noté .... les appels ? Vous n'en avez oublié ...., j'espère ?
>
> LE SECRÉTAIRE : Oui, je les ai .... notés ici. .... compagnies étrangères demandent .... précisions, en particulier concernant les dates limites pour la présentation du projet. .... ont demandé si un avant-projet suffirait.
>
> LE DIRECTEUR : Très bien et il n'y a pas eu .... appels que ceux-ci ?
>
> LE SECRÉTAIRE : Ah oui. Il y a .... qui a téléphoné. Il voulait vous parler personnellement et il n'a pas voulu me donner son nom.

8 Les indéfinis.

Dites le contraire.

1 Tout le monde connaît Sophie Marceau. ≠ ....

2 Il regarde toujours les informations de 8 heures. ≠ ....

3 Tu as vu quelque chose d'intéressant au cinéma ? ≠ ....

4 Il s'est présenté plusieurs fois au concours. ≠ ....

5 Plusieurs automobilistes se sont arrêtés pour l'aider. ≠ ....

6 Il fume encore. ≠ ....

7 Il connaît quelqu'un d'important au ministère ? ≠ ....

9 Adjectifs et pronoms indéfinis.

*Complétez les réponses à l'aide de : **la même – les autres – n'importe quel – n'importe qui – n'importe quoi – quelques-uns – tous**.*

1 – Vous avez averti tous les étudiants qu'il n'y a pas cours demain ?

– Non, pas .... ; .... étaient déjà partis.

2 – Ce bébé est très mignon.

– Oh oui, tu lui dis .... et il te sourit.

3 – Quelle couleur avez-vous choisie pour le couloir ?

– .... que celle du salon.

4 – Je vais fermer la porte du garage.

– Oui, ... pourrait entrer et voler la voiture.

5 – Il y a eu des blessés ?

– Oh ! Ils ont eu de la chance. Un seul passager a été blessé et .... n'ont rien.

6 – Il veut vraiment vendre sa maison ?

– Oui, il est prêt à accepter .... prix.

10 La nominalisation.

Reformulez les énoncés suivants en remplaçant par un nom les formes soulignées.

1 La médecine est au service de l'homme pour <u>protéger</u> la santé et <u>soulager</u> les souffrances.

....

2 <u>Respecter</u> la vie et la personne humaine est le devoir principal du médecin.

....

3 Il est conseillé de <u>connaître</u> plusieurs langues étrangères.

....

4 Il est très utile de <u>maîtriser</u> des logiciels de traitement de texte.

....

5 Les consommateurs ont demandé <u>qu'on interdise</u> les importations de viande rouge.

....

11 La nominalisation.

Donnez un titre (sous forme nominale) pour les articles qui donnent les informations suivantes.

1 Après quelques petites manifestations, Nice a retrouvé son calme vendredi.

....

2 On augmentera les salaires des fonctionnaires dans les deux années qui viennent.

....

3 Un centre commercial va ouvrir prochainement ses portes dans le quartier de la gare.

....

4 Les représentants des étudiants et le ministre de l'Éducation se réuniront le jeudi 21 décembre pour négocier.

....

5 Une centaine de jouets destinés aux enfants malades ont été distribués par la mairie.

....

Vocabulaire et orthographe

12 Les médias.

Soulignez les médias cités dans la liste suivante.

Le théâtre – la presse – la télévision – le cirque – Internet – la radio – un mél – un magazine – un journal – un match – le téléphone – une revue – le cinéma.

13 La télévision.

Soulignez les termes de la liste suivante qui ont un rapport direct avec la télévision.

Une interview – un reportage – une affiche – une émission – un jeu – un débat – le journal – un discours – les informations – le bulletin météo – une lettre d'affaires – un journaliste – une photocopie – un photographe.

14 La nominalisation.

Quels sont les verbes que vous pouvez reconnaître dans les noms suivants ? Employez-les dans une phrase.

1 L'arbitrage. ➔ ....

2 L'appréciation. ➔ ....

3 Le regroupement. ➔ ....

4 La décision. ➔ ....

5 L'enterrement. ➔ ....

6 La concentration. ➔ ....

7 La déclaration. ➔ ....

8 Le découpage. ➔ ....

9 Le tremblement. ➔ ....

10 Le chargement. ➔ ....

11 La permission. ➔ ....

12 Le tournage. ➔ ....

15 La nominalisation.

Trouvez dans la grille des noms formés à partir des verbes suivants.

A	S	D	E	R	F	C	A	D	R	D	G	A
D	E	V	E	L	O	P	P	E	M	E	N	T
Q	M	U	I	T	R	A	I	P	E	C	O	T
H	I	K	L	O	M	U	I	A	M	O	G	E
E	S	S	A	Y	A	G	E	S	F	L	A	R
T	S	O	I	T	T	R	E	S	E	L	I	R
K	I	L	I	M	I	T	R	A	G	A	V	I
G	O	N	F	L	O	G	E	G	U	G	I	S
C	N	E	X	C	N	A	R	E	G	E	T	S
C	O	B	A	N	I	M	A	T	I	O	N	A
C	H	A	N	G	E	M	E	N	T	E	I	G
B	A	V	A	R	A	C	A	D	R	A	G	E

1 Animer : ....

2 Atterrir : ....

3 Cadrer : ....

4 Changer : ....

5 Décoller : ....

6 Développer : ....

7 Émettre : ....

8 Essayer : ....

9 Former : ....

10 Passer : ....

16 Le suffixe -*age*.

1 Faites des phrases qui contiennent chacune au moins deux des mots suivants.

L'atterrissage – le décollage – le personnage – le virage – l'élevage – le ménage – le remplissage – le visage – le blanchissage – le paysage – le sauvetage – la page.

....

....

....

....

*2 Quels sont ceux qui n'ont pas le sens de : **le fait de** + verbe correspondant ? Vous pouvez vous aider d'un dictionnaire.*

....

....

17 **Les suffixes** *-tion, -ssion, -sion, -xion* **et** *-cion.*

Complétez les mots suivants avec : ***-tion, -ssion, -sion, -xion*** *ou* ***-cions***.

1 J'aime les films d'ac............ .

2 On l'a vu à la télévision à l'émi............ *Gens d'ailleurs.*

3 Il y a une importante diminu............ du chômage.

4 Votre inten............ est-elle de vous installer définitivement à Lyon ?

5 Nous vous remer............ de votre invita............ .

6 Je veux bien, mais à condi............ que tu aies fini tes devoirs.

7 Avant de me décider, je demande un temps de réfle............ .

8 Nous organisons une excur............ la semaine prochaine.

9 Les Français font de plus en plus atten............ à leur alimenta............ .

10 J'aimerais connaître votre première impre............ .

S'exprimer

18 **Exprimer son accord/son désaccord.**

Imaginez ce que disent M. Lambert (qui est d'accord) et M. Béret (qui n'est pas d'accord). Attention, une même expression ne peut pas être répétée ! Rédigez le dialogue.

....

....

....

....

19 **Projet de voyage.**

*Vous avez décidé de faire un voyage d'une semaine au Maroc avec Annie, une amie belge. Vous lui écrivez pour lui faire des propositions. D'après les indications de l'encadré, rédigez la lettre sur une feuille séparée. Employez les **Outils pour structurer le discours** (Livre de l'élève, p. 77). Reliez les différents arguments et informations données.*

> • préciser les dates
> • une semaine au mois de mars
> • aller vers le sud
> • il ne fait pas encore chaud
> • la saison touristique n'a pas encore commencé
> • prix intéressants
> • Casablanca, Agadir, Ouarzazate, Marrakech
> • bonnes routes mais de montagne
> • passer deux ou trois jours à Marrakech
> • beaucoup de choses à visiter, achat de souvenirs
> • dernière nuit à Casablanca. Rendre la voiture à l'aéroport
> • retour 12 h 30. Vol direct Casablanca-Bruxelles

Chère Annie,
J'ai pris contact avec l'agence pour notre voyage au Maroc. Tout d'abord...

20 **Fait divers.**

Rédigez sur une feuille séparée le fait divers correspondant aux illustrations ci-dessous.

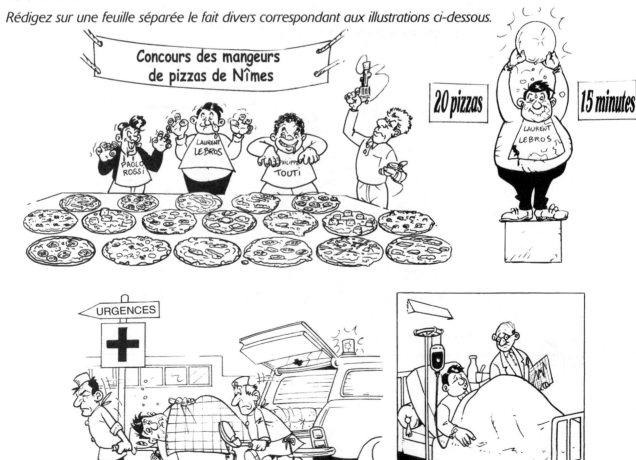

21 C'est dans le journal.

À partir des informations suivantes, rédigez un bref article de journal (150 mots) sur une feuille séparée.

> • mardi 15 avril
>
> • Perpignan
>
> • Mme Pinède et ses enfants
>
> • découverte de peintures préhistoriques dans une grotte

Avant de commencer à écrire cet article, imaginez :

1 Quel est l'âge des enfants de Mme Pinède ? Comment s'appellent-ils ?

2 Qui a découvert les peintures préhistoriques ? Dans quelles circonstances ? À quel moment ?

3 Pourquoi sont-ils entrés dans la grotte ?

4 Où sont-ils allés ensuite ?

5 À qui ont-ils annoncé leur découverte ?

Point-DELF

> **DELF Unité A3 – Écrit 2**
> **Demande d'information sur un sujet de la vie courante**

Vous venez de découvrir cette petite annonce dans un journal. Vous écrivez une lettre pour demander à l'annonceur des précisions.

> **Vends** TV en bon état.
> M. Lemoine.
> 215, av. de la République.
> Caen.

Pour préparer l'épreuve

1 Quelles sont les formules de politesse que vous pouvez employer ? Où est-ce que vous devez les placer dans la lettre ?

2 Quelles sont les précisions que vous souhaitez obtenir ?

Unité 5 : ENQUÊTES ET REPORTAGES

Interactions

1 Accident de la route.

1 Lisez le dialogue suivant.

> ANTOINE : Qu'est-ce qui t'arrive Mireille ? Ça ne va pas ? Tu as l'air préoccupé.
>
> MIREILLE : Oui, j'ai eu un accident avec la voiture de mon père. Je dois me présenter au commissariat ce matin.
>
> ANTOINE : Il y a eu des blessés ?
>
> MIREILLE : Des blessés ? Non, mais la voiture…
>
> ANTOINE : Qu'est-ce qui t'est arrivé, exactement ?
>
> MIREILLE : Eh bien, je roulais sur la départementale 27 et, à 3 km de Villeneuve, à un croisement avec une petite route, une grosse voiture est arrivée sur ma droite et je n'ai pas eu le temps de m'arrêter…
>
> ANTOINE : Tu n'allais pas un peu trop vite ! ?
>
> MIREILLE : Non, pas du tout, avec la voiture de papa, tu sais… c'est une vieille voiture et je n'ai pas pu freiner à temps.
>
> ANTOINE : Pourquoi est-ce que tu dois te présenter au commissariat s'il n'y a pas eu de blessés ?
>
> MIREILLE : Les gendarmes sont passés juste à ce moment-là… et je n'avais pas mon permis sur moi.
>
> ANTOINE : Bof, ce n'est pas grave alors, une contravention et ce sera tout…

2 Mettez dans l'ordre les dessins qui illustrent ce qui est arrivé à Mireille.

1 ....

2 ....

3 ....

4 ....

5 ....

3 *Écrivez une légende pour chaque dessin.*

4 *Sur une feuille séparée, imaginez ce que disent les personnages.*

5 *Rédigez le fait divers à paraître dans la presse locale du lendemain.*

2 Que faire ?

Dites ce que vous feriez à la place du jeune homme. Et à la place du voyageur ?
Et à la place de la jeune femme ?

··
··
··
··
··

··
··
··
··
··
··
··
··

Grammaire

3 Les pronoms compléments.

Complétez les énoncés suivants à l'aide des pronoms qui conviennent.

1 Sylvie et Alain aiment beaucoup Prague. Ils ············ sont allés l'été dernier. Moi aussi, j'············ suis allé en octobre et je ············ ai envoyé une carte postale.

2 Quand j'ai vu Géraldine hier, je ············ ai parlé du projet. Elle m'a dit qu'elle ············ avait déjà entendu parler et qu'elle allait ············ réfléchir.

3 Marie pense que la robe qu'elle vient d'acheter ············ va très bien et sa mère ············ a conseillé de ············ mettre pour le mariage de son amie Fantine.

4 J'ai offert une montre à ma sœur. Je pense qu'elle ············ a plu. Elle ············ a montrée à toutes ses copines.

5 Éric ne téléphone pas souvent à Marie, mais il pense toujours ············ .

4 Les pronoms.

Complétez les minidialogues suivants.

1 – Est-ce que vous avez parlé de votre projet à Mme Mestre ?

– Non, ... demain.

2 – Tu as rappelé à Sophie qu'elle doit téléphoner à Alain ?

– Non, mais je dîne avec elle ce soir et ....

3 – Tu as donné ton appareil photo à ta nièce ?

– Non, ... seulement prêté pour les vacances.

4 – Tu ne m'as pas encore présenté ton ami David !

– .... ce soir. Il vient avec nous au cinéma.

5 – J'ai oublié de t'apporter des pommes du jardin.

– Ce n'est pas grave. .... demain.

6 – Pour entrer à la bibliothèque, il faut une carte de lecteur ?

– Oui, ... absolument une.

– Où est-ce que je dois aller pour qu'on .... fasse ?

– Au secrétariat de la faculté. Si tu as deux photos, ... tout de suite.

5 Les verbes à deux pronoms compléments.

Complétez les énoncés.

1 – C'est ton vélo ?

– Non, on me l'..

2 – Vous lui avez donné l'original ?

– Non, nous lui en ....

3 – M. Paul a loué les deux chambres du premier aux étudiants chiliens ?

– Oui, finalement, il les leur ....

4 – Vous pouvez me prêter votre aspirateur ?

– Oui, mais tu nous le ....

5 – Vous avez oublié votre parapluie à la maison.

– Oh, ça ne fait rien. Vous nous le ....

6 Les doubles pronoms.

Complétez le dialogue suivant.

– Je t'avais promis de te prêter mes skis pour les vacances de Noël, mais je .... ai prêtés à Roman

et il ne .... a pas encore rendus. Il exagère.

– Tu .... a réclamés ?

– Non, je n'ose pas .... parler. Il est tellement susceptible !

– Il ne pense quand même pas que tu .... as donnés ?

– Non, bien sûr, mais ne t'inquiète pas pour les skis. S'il ne .... rend pas avant Noël, mon frère

.... prêtera les siens.

– Et ta bicyclette, il .... a rendue au moins ?

– Non, pas encore, mais je vais .... réclamer la prochaine fois que je .... verrai.

7 Le participe présent.

Remplacez les phrases relatives par un participe présent.

1 Les étudiants qui ont choisi le cours de Mme Martin auront cours le lundi de 9 heures à 10 heures en salle 3.

....

2 Isabelle, qui a tout de suite compris son erreur, lui a présenté ses excuses.

....

3 Le ministre, qui est responsable de la situation, a proposé des mesures d'urgence.

....

4 Les étudiants qui ont échoué à l'examen oral ne pourront pas se présenter à l'examen écrit.

....

8 Le participe présent.

Remplacez les mots soulignés par une phrase relative.

1 Mme Rouault, ne <u>pouvant</u> plus conduire pour des raisons de santé, a décidé de donner sa voiture à la commune.

....

2 Vous devez indiquer la somme <u>correspondant</u> à vos frais de séjour.

....

3 Mme Rolin désirerait avoir les dossiers <u>concernant</u> les étudiants Erasmus.

....

4 Un bateau norvégien <u>transportant</u> des immigrants a fait naufrage au sud de la Turquie.

....

5 On ignore le nombre de passagers <u>voyageant</u> à bord de ce bateau.

....

9 Le gérondif.

Remplacez une des deux propositions par un gérondif.

1 Si je travaille ce soir, je pourrai partir demain à la campagne.

....

2 Il dîne pendant qu'il regarde la télévision.

....

3 Il ne fume jamais quand il conduit.

....

4 Quand j'ai travaillé avec Hervé, j'ai beaucoup appris.

....

5 Si je passe un mois à Paris cet été, je ferai beaucoup de progrès en français.

....

6 Tu pourras aller chercher Elsa quand tu rentreras du bureau ?

....

10 Le gérondif.

1 Complétez les énoncés à l'aide des gérondifs suivants : **en courant – en criant – en dansant – en dormant – en étudiant – en faisant des courses – en mangeant – en pleurant – en sortant**.

    1 Ce n'est pas .... tous les soirs que tu réussiras tes examens.

    2 C'est .... qu'il s'est cassé la jambe.

    3 Ce n'est pas .... qu'on se fait obéir.

    4 Ce n'est pas .... que tu maigriras.

    5 C'est .... qu'il a rencontré Stéphanie.

2 Imaginez des énoncés avec les gérondifs que vous n'avez pas utilisés.

    ....

    ....

    ....

11 Les temps verbaux.

Remplacez les infinitifs par la forme verbale correspondante.

Ils avaient oublié un petit détail sans importance.

LAURENT SÉBASTIANI ET LOUIS STERKATOU SONT MAINTENANT EN PRISON

Lyon, 23 août. – Deux « spécialistes » connus de la police lyonnaise viennent de se faire arrêter par la brigade antigang, au moment où, emportant comme seul bagage deux sacs de sport remplis d'argent, ils .... (prendre) l'autoroute du Soleil, dans une Mercedes, en direction de Marseille.

Au départ, ces faits n'ont rien d'extraordinaire. Vendredi dernier, Laurent Sébastiani et Louis Sterkatou, plus connus sous les noms de Sébas et Gros Lou, ... (entrer) dans les locaux de la Société rhodanienne de transports rapides, dans la banlieue lyonnaise, et .... (percer) le mur qui sépare le bureau de la direction de la SRTR d'un garage particulier dans lequel les deux voleurs .... (se laisser enfermer). .... (profiter) du fait que, le week-end, il n'y a pratiquement personne dans le quartier, surtout au mois d'août, Sébas et Gros Lou, ... (employer) les grands moyens : outils électroniques ultra-modernes et toutes sortes de matériels. Ils .... (entrer) dans les bureaux de la direction et .... (s'attaquer) directement au coffre-fort de la société. Celui-ci .... (être) certainement difficile à ouvrir, car les voleurs .... (devoir) travailler au moins quarante-huit heures si l'on en juge par les restes de repas que la police .... (trouver) sur place.

Toujours est-il que, lundi matin, le coffre-fort .... (être) ouvert et que la paye du personnel .... (disparaître). Celle-ci, curieusement, est encore donnée à chaque travailleur en argent liquide, dans de petites enveloppes en papier. Selon les estimations du comptable de la SRTR, les malfaiteurs .... (emporter) la paye, mais aussi tout l'argent contenu dans le coffre, soit au total près de 100 000 euros.

Malheureusement pour eux, avec les restes de leurs repas, les deux voleurs .... (laisser) également le papier d'emballage d'un charcutier de Villeurbanne. Ce dernier, interrogé dimanche matin par les policiers de la brigade, ... (ne pas douter) un seul instant quand on lui .... (présenter) des photos de suspects. Oui, vendredi dernier, un peu avant midi, il .... (servir) ces deux clients qui .... (acheter) des provisions pour manger pendant plusieurs jours. Oui, il les .... (voir) déjà dans le quartier, de temps en temps.

Ensuite, les policiers .... (pouvoir) retrouver leurs traces, jusqu'à l'arrestation de nos deux malfaiteurs.

Ceux-ci .... (devoir) maintenant réfléchir sur l'utilité et la nécessité de vider, chaque jour, leur poubelle…

Vocabulaire et orthographe

12 Les médias.

Classez les termes suivants dans le tableau. Attention ! Il y a des termes qui concernent les trois médias.

Un feuilleton – un acteur – un fait divers – un cameraman – une lettre de lecteur – les petites annonces – un reportage photo – un flash – le présentateur – un article d'opinion – le directeur – les informations – un ingénieur du son.

Presse écrite	Radio	Télévision
....	....	....
....	....	....
....	....	....
....	....	....
....	....	....
....	....	....
....	....	....
....	....	....
....	....	....

13 Le suffixe -*eur*.

Classez les mots suivants dans le tableau. Vous pouvez vous aider d'un dictionnaire.

Le congélateur – la couleur – la senteur – un autocuiseur – l'épaisseur – le traducteur – le chasseur – un agriculteur – le baladeur – un ordinateur – le dessinateur – un téléviseur.

Une personne	Un appareil/une machine	Autre chose
....	....	....
....	....	....
....	....	....
....	....	....
....	....	....

14 Le son [ø].

*Complétez les énoncés suivants avec **eu, œu, œux, eur, eux** ou **œur**.*

1 Anne et Bernard ont invité l............s amis à passer quelques jours chez ....

2 Comme tous les d........... sont très gentils, ils ne v...........lent pas laisser l........... amie toute s...........le.

3 La s........... de Maud et son mari ont une maison à la campagne.

4 *Guernica* est une ....vre de Picasso.

5 Le mot........... de la voiture s'est arrêté tout à coup et nous attendons la dépann...........se depuis plusi...........s h...........es.

6 Les roses sont des fl...........s très fragiles.

7 Quand vous mangez le premier fruit de la saison, faites un v...........

8 Reçois tous mes meill...........s v........... de bonh...........

S'exprimer

15 Fait divers.

Résumez en 150 mots sur une feuille séparée le fait divers de l'exercice 11.

16 Problème.

Observez l'illustration ci-dessous.

1 Quel est le problème ?

2 Que pensez-vous de cette situation ? Imaginez que vous participez à un forum d'opinion sur Internet ou que vous écrivez au courrier des lecteurs d'un journal pour donner votre opinion. Rédigez le texte sur une feuille séparée.

17 Lettre amicale.

Vous avez assisté à un événement sportif ou à une manifestation culturelle. Vous vous êtes bien amusé(e). Vous écrivez un mél à votre ami Emmanuel et vous lui racontez ce que vous avez fait, si vous avez aimé, pourquoi… Travaillez sur une feuille séparée.

DELF Unité A3 – Écrit 1
Analyse du contenu d'un texte

Main de fer dans un gant de velours et un cœur d'or sous des apparences de personne distante, Évelyne Mestre est en fait une passionnée. Passionnée des relations humaines, passionnée de culture, de la rencontre des cultures et passionnée de son travail.

Engagée il y a à peine un peu plus d'un an comme directrice de BTV, la télévision locale de Bordeaux, on ne l'a que très rarement vue à l'écran et elle n'a accordé aucune interview à la presse ou à la radio. Pourtant, dans la région bordelaise, son nom n'est ignoré de personne.

À peine quelques semaines après son arrivée, tout le monde à BTV avait compris que quelque chose allait changer en profondeur, que la nouvelle patronne, comme l'appellent cordialement ses collaborateurs, n'était pas quelqu'un qui allait se contenter de quelques retouches de façade. Elle n'a pourtant pas fait de grandes déclarations pour présenter son pro-gramme ; plusieurs journalistes de l'équipe auraient pourtant aimé qu'il y ait une conférence de presse, mais la réponse a été aussi énergique que brève : il n'y a qu'une seule vraie publicité, c'est le travail bien fait.

Douée d'un dynamisme et d'une volonté à toute épreuve, possédant une solide formation de gestionnaire, Évelyne Mestre a su prendre en un an des décisions, pas toujours faciles d'ailleurs, qui lui ont permis de faire de la station ce qu'elle est aujourd'hui : un instrument essentiel d'animation, de participation citoyenne, en un mot un facteur déterminant de convivialité dans une municipalité comme Bordeaux qui en avait bien besoin.

Et maintenant, toujours souriante, mais énergique, alors qu'elle vient de fêter ses 28 printemps, Évelyne Mestre pense déjà à d'autres projets, à de nouveaux développements de BTV.

1 *Répondez aux questions suivantes.*

  a Est-ce que l'article présente Évelyne Mestre de manière positive ou négative ?

  b D'après cette présentation, Évelyne Mestre est-elle une personne plutôt sympathique ou non ?

  c Quand les collaborateurs parlent entre eux de la nouvelle directrice de la station, comment l'appellent-ils ?

  d Est-ce que Évelyne Mestre s'intéresse aux relations humaines ?

  e D'après ce texte, quel rôle joue actuellement BTV à Bordeaux ?

2 *Réfléchissez : quel est le sens des deux expressions suivantes employées par le journaliste ?*

  a Une main de fer dans un gant de velours :

    – être très ferme sous une apparence de douceur ;

    – être énergique et tolérant(e) ;

    – prendre des risques et adopter une position confortable.

  b avoir un cœur d'or :

    – avoir beaucoup d'argent ;

    – être d'une grande générosité ;

    – être considéré(e) comme très important.

Interactions

1 Allô ! Radio Villeurbanne ?

*Retrouvez l'ordre du dialogue ci-dessous. Indiquez qui dit quoi : la présentatrice de l'émission **Tout savoir** ou Mme Villars, la personne qui appelle.*

☑ a .... : Allô ! Radio Villeurbanne ?

☐ b .... : À Villeurbanne ?

☐ c .... : Ah ! Je ne peux pas vous dire, madame. En principe je crois, madame Villars, qu'on doit aller au lycée qui est le plus près de son domicile.

☐ d .... : Oui, oui, bien sûr. Mais la question que vous posez est un cas très précis et très particulier. Écoutez, ne raccrochez pas. Je vous passe une secrétaire qui vous dira où vous adresser. Au revoir, madame Villars.

☐ e .... : De la rue des Coquelicots.

☐ f .... : Eh bien, voilà. Nous avons un fils qui va entrer au lycée. Nous voulions qu'il aille au lycée Saint-Exupéry, et on nous a dit qu'il doit aller au lycée Victor-Hugo. On ne peut pas choisir son lycée ?

☐ g .... : Et vous nous appelez d'où ?

☐ h .... : Je vous remercie. Au revoir, madame.

☐ i .... : Oui, madame. Vous êtes bien à l'émission *Tout savoir*. Je vous écoute. Vous êtes madame… ?

☐ j .... : Non, mais j'écoute tous les jours votre émission et, souvent, vous donnez des informations pratiques…

☐ k .... : Oui, oui, à Villeurbanne même, dans le quartier Saint-Jean.

☐ l .... : C'est ce qu'on dit, mais justement, le lycée Victor-Hugo est beaucoup plus loin de chez nous et un ami de notre fils qui habite tout près d'ici a été admis au lycée Saint-Exupéry.

☐ m .... : Que puis-je pour vous, madame Villars ? Vous voulez savoir… ?

☐ n .... : Villars, Martine Villars.

☐ o .... : Vous êtes déjà allée à la mairie ?

2 Mais qu'est-ce qu'ils ont dit exactement ?

D'après les paroles suivantes de Louis, écrivez ce que dit chaque personne.

1 Paul confirme sa venue à la fête d'anniversaire de Marie.

2 Luc demande le montant de l'assurance annuelle de sa nouvelle voiture.

3 Mireille propose à Lucie d'aller au cinéma dimanche soir.

4 Laurent annonce que son mariage aura lieu le 30 juin.

5 Hélène veut savoir si son papa va venir.

6 Dominique rappelle à Marc que son rendez-vous chez le dentiste a été reporté à mardi.

7 Claudine précise qu'elle a repris son travail le 3 septembre.

1 Paul : ....

2 Luc : ....

3 Mireille : ....

4 Laurent : ....

5 Hélène : ....

6 Dominique : ....

7 Claudine : ....

3 Qui dit quoi ?

a

b

c

1 Voici trois présentations du Panthéon, associez chacune d'elles à l'une des illustrations ci-dessus.

○ **1** PANTHÉON (LE). Monument de Paris, situé sur la montagne Sainte-Geneviève, au cœur du Quartier latin. La construction de ce bâtiment, qui devait être d'abord une église, fut commencée en 1764 et terminée en 1812. L'architecte Soufflot donna des proportions monumentales à cette église, décora l'extérieur et éleva les colonnes qui donnent à l'édifice cet aspect de style classique. Le monument fut transformé par la Révolution en un panthéon consacré aux grands hommes. Là, reposent Voltaire, Jean-Jacques Rousseau, Victor Hugo, Émile Zola, Soufflot, Braille, Jean Jaurès…

○ **2** Messieurs dames, devant vous, le Panthéon. Comme vous voyez, l'extérieur du monument, là, est inspiré des monuments de l'ancienne Rome. Le haut s'inspire de la Renaissance. À l'origine, le Panthéon était destiné à recevoir les reliques de sainte Geneviève, mais la Révolution en a fait un panthéon consacré aux grands hommes. D'ailleurs, regardez l'inscription au-dessus de l'entrée : « Aux Grands Hommes de la France, la Patrie reconnaissante. » Voltaire, Rousseau, Zola, Soufflot, entre autres, reposent dans ce panthéon.

○ **3** Le Panthéon : de la Sorbonne au Panthéon, il n'y a qu'un pas. Allez-y par la rue Saint-Jacques – c'est par là que passaient les « routards » du Moyen Âge qui allaient à Saint-Jacques-de-Compostelle. En montant sur votre gauche, derrière les murs gris du lycée Louis-le-Grand, quelques jeunes de classes prépa rêvent peut-être déjà d'être admis un jour au Panthéon… En haut, vous arrivez sur la place. Arrêtez-vous, regardez les colonnes, la décoration, le toit en forme de dôme. Soufflot au XVIIIe siècle fut chargé de construire cette énorme église pour Louis XV. Mais on manque d'argent, alors l'édifice ne sera terminé qu'en 1789 et la Révolution le transforme en « temple », destiné à accueillir les grands hommes de la liberté. Parmi les locataires, après Voltaire, Rousseau, Soufflot lui-même, viendront Victor Hugo, Gambetta, Jean Jaurès, Émile Zola, Jean Moulin.

2 Relevez, dans les textes, les indices qui vous ont permis de répondre à la question 1.

*3 Le **Guide du routard** est une collection célèbre des éditions Hachette qui se caractérise par son style familier et anticonformiste. Lequel de ces trois textes est inspiré du **Routard de Paris** ? Pourquoi ? Justifiez votre réponse.*

....

....

....

....

Grammaire

4 **Interrogation directe/interrogation indirecte.**

Rapportez en discours indirect ce que le journaliste a demandé au réalisateur de télévision François Sabatelli lors d'une interview.

– Pourquoi vous a-t-on confié la réalisation de ce téléfilm ?

– Avez-vous eu peur de décevoir votre public ?

– Le succès de l'émission vous a-t-il surpris ?

– Qu'est-ce qui vous attire dans le travail à la télévision ?

– Avez-vous un projet de long-métrage pour le cinéma ?

– Quand va-t-il sortir en salle ?

– Est-ce un adieu au petit écran ?

Le journaliste a demandé à François Sabatelli ....

....

....

....

....

....

5 **Le discours indirect.**

Réécrivez le texte suivant en le mettant au discours indirect. Faites les transformations nécessaires.

Un marchand de journaux d'un kiosque situé dans le XIIIe arrondissement raconte :

« Je travaille du lundi au samedi et mon fils tient le magasin tous les dimanches matin. Au total, nous sommes ouverts 86 heures par semaine. Je me suis lancé dans ce métier il y a dix ans. Avant, j'étais dans le XXe arrondissement mais, depuis que j'ai déménagé, nous vendons beaucoup plus. Je n'arrête pas, mais ça me plaît. Le problème, ce sont les journaux invendus : nous devons manipuler des kilos de papier. Je vends également des sucreries et, là aussi, les ventes ont augmenté, mais il y a aussi des invendus. Enfin, dans l'ensemble, je ne peux pas me plaindre. Nous avons une clientèle fidèle et c'est agréable de bavarder, de commenter l'actualité tous les matins avec les gens du quartier. »

....

....

....

....
....
....
....
....
....

6 Le discours indirect.

Réécrivez le texte en le mettant au discours indirect. Faites les transformations nécessaires.

LE JOURNALISTE :	Comment êtes-vous devenu acteur ?
HERVÉ BALLAND :	Comment je suis devenu acteur ? Eh bien, j'ai toujours voulu être acteur. J'avais seize ans quand j'ai commencé à prendre des cours de théâtre. Il y avait quelque chose dans ce métier qui m'attirait. J'ai débuté au théâtre à l'âge de dix-sept ans, puis on m'a offert un petit rôle au cinéma. Je n'avais qu'une seule réplique, mais, à l'époque, j'étais prêt à faire n'importe quoi. En 1986, j'ai joué dans *La Guêpe*. C'était formidable. J'avais le rôle principal et le film a eu un certain succès. Depuis, j'ai tourné plus de quinze films. Le succès est arrivé tard dans ma vie, mais je garde la tête froide... heureusement !

Quand on a demandé à Hervé Balland comment il était devenu acteur, il a répondu qu'il ....

....
....
....
....
....
....
....
....

7 La concordance des temps dans le discours indirect.

Réécrivez les énoncés suivants en discours indirect.

1 « Mes parents m'ont toujours encouragé », a dit Martin.

Martin ....

2 « Nous travaillons dans de très mauvaises conditions », affirme une enseignante.

Une enseignante ....

3 « Les parents obligent souvent leurs enfants à faire de l'informatique », a déclaré un inspecteur.

Un inspecteur ....

4 « À la rentrée, les élèves qui étudient l'anglais seront dans les mêmes classes que ceux qui étudient l'espagnol », annonce un enseignant.

Un enseignant ....

5 « Je ne pense pas démissionner », a répondu le député au journaliste.

Le député ....

8 **Impératif et discours indirect.**

Que dit l'entraîneur aux jeunes sportifs ?

Il explique que ....
....
....
....
....
....
....
....
....
....
....
....

> Pour pratiquer une activité physique dans de bonnes conditions, achetez des chaussures adaptées. Prenez votre temps pour choisir. Ne vous arrêtez pas à un modèle précis. Essayez-en plusieurs, comparez, puis faites votre choix.

9 **Impératif et discours indirect.**

Pour lutter contre la pollution sonore, la mairie a diffusé le document ci-dessous. Votre sœur Lisa vient passer quelques jours chez vous. Quand elle arrive, vous lui transmettez ces consignes.

☞ **B**aissez le volume sonore de votre téléviseur à partir de 22 heures.

☞ **N**e mettez pas votre machine à laver en route le soir.

☞ **N**'utilisez pas votre tondeuse à gazon le dimanche à 8 heures du matin.

☞ **N**e laissez pas votre enfant jouer au ballon dans l'appartement.

☞ **R**emplacez vos jolies chaussures à talons par de confortables chaussons quand vous rentrez chez vous.

☞ **S**ouvenez-vous que vous êtes entouré de personnes qui peuvent être malades ou qui sont âgées et qu'elles ont besoin de se reposer après le déjeuner.

☞ **N**e jouez pas de votre instrument de musique préféré à 2 heures du matin.

Lisa, je te demanderais de ....
....
....
....
....
....

10 **Les indications de temps.**

*Transformez en récit au passé le texte suivant. Commencez par : **Samedi dernier...***

Aujourd'hui, j'ai décidé d'aller faire une promenade autour du lac. Hier soir, la météo a annoncé une belle journée ensoleillée. J'ai envie de marcher et je dois réfléchir à la proposition que mon directeur m'a faite il y a deux jours : il voudrait que j'aille au Brésil le mois prochain pour diriger la nouvelle succursale de l'entreprise. Il m'en a reparlé hier et je dois lui donner une réponse demain. Si j'accepte, je devrai partir là-bas la semaine prochaine pour chercher un logement. Sa proposition est intéressante.

Samedi dernier, ...
....
....
....
....
....
....
....
....
....

11 **Le passé simple.**

Donnez l'infinitif des formes verbales suivantes.

1 Elle changea. ➔ ....

2 Elles furent. ➔ ....

3 Ils lurent. ➔ ....

4 Elles commencèrent. ➔ ....

5 Il eut. ➔ ....

6 Il alla. ➔ ....

7 Il naquit. ➔ ....

8 Elle mourut. ➔ ....

9 Ils firent. ➔ ....

Vocabulaire et orthographe

12 **Les suffixes *-isme* et *-iste*.**

1 Trouvez le nom, le verbe ou l'adjectif à partir desquels ont été formés les mots suivants.

2 Donnez une courte définition de chaque mot.

a Socialisme : ....

b Romantisme : ....

c Réalisme : ....

d Impressionnisme : ....

e Catastrophisme : ....

f Passéisme : ....

g Protestantisme : ....

h Capitalisme : ....

13 **Le suffixe -iste.**

Classez les mots suivants dans le tableau.

Journaliste – chimiste – humaniste – communiste – surréaliste – animiste – progressiste – anarchiste – cubiste – archiviste – bouddhiste – pianiste – écologiste – juriste.

Personne qui exerce une activité ou une profession	Personne qui pratique une religion ou partisan d'une idéologie	Personne qui appartient à un mouvement artistique ou culturel
....	....	....
....	....	....
....	....	....
....	....	....
....	....	....
....	....	....
....	....	....
....	....	....

14 **La nominalisation : les suffixes -té, -eur et -esse.**

Reconnaissez-vous dans les mots suivants un adjectif ? Si oui, lequel ?

1 La froideur : ....

2 Un menteur : ....

3 La maigreur : ....

4 Une grandeur : ....

5 La vieillesse : ....

6 Un auteur : ....

7 La fleur : ....

8 La tendresse : ....

9 L'épaisseur : ....

10 Le bonheur : ....

11 La presse : ....

12 La minceur : ....

13 La chaleur : ....

14 La simplicité : ....

15 La laideur : ....

16 La noirceur : ....

17 La bonté : ....

15 La nominalisation : les suffixes *-té*, *-eur* et *-esse*.

Faites une phrase avec les substantifs correspondant aux adjectifs suivants.

1 Blanc : ....

2 Haut : ....

3 Rouge : ....

4 Rapide : ....

5 Doux : ....

6 Large : ....

7 Profond : ....

8 Petit : ....

9 Gros : ....

10 Long : ....

11 Lent : ....

12 Aimable : ....

16 *Quand* ou *qu'en* ?

*Complétez le texte suivant avec **quand** ou **qu'en**.*

– .... partons-nous en vacances ?

– Le 25 au soir et nous arriverons le 26 en fin de matinée. .... penses-tu ?

– C'est parfait.

– Je pense .... passant par Bordeaux, nous gagnerons du temps.

– Oui, mais .... y serons-nous ?

– Si tout va bien, le matin vers 8 heures.

– Quoi ? À 8 heures ? .... tous les Bordelais partent travailler !

S'exprimer

17 La description.

Faites, sur une feuille séparée, le portrait de trois personnes :

1 une que vous aimez beaucoup ;

2 une que vous détestez ;

3 une qui vous est indifférente.

Utilisez les mots de l'encadré et les expressions suivantes : **il/elle est... – je le/la trouve... – il/elle agit avec/sans... – il/elle (ne) manque (pas) de... – il/elle déteste/aime le/la...**

Aimable, amabilité.	Efficace, efficacité.	Prudent(e), prudence.
Ambitieux/ambitieuse, ambition.	Gentil(le), gentillesse.	Sérieux/sérieuse, sérieux.
Audacieux/audacieuse, audace.	Intelligent(e), intelligence.	Simple, simplicité.
Beau/belle, beauté.	Méchant(e), méchanceté.	Sympathique, sympathie.
Courageux/courageuse, courage.	Modeste, modestie.	Tendre, tendresse.
Curieux/curieuse, curiosité.	Orgueilleux/orgueilleuse, orgueil.	Timide, timidité.
Doux/douce, douceur.	Poli(e), politesse.	

18 **Projet de vacances.**

Six amis veulent partir ensemble en vacances. Cinq d'entre eux, Paul, Anne, Laurent, Bernard et Mireille, se rencontrent pour établir le programme. La sixième, Pauline, n'a pas pu venir. Mireille lui raconte ce qui s'est passé et lui explique ce que chacun a proposé. Écrivez le dialogue sur une feuille séparée.

D'abord, Paul a proposé ...

19 **Fait divers insolite.**

1 Lisez la BD ci-dessous.

Le voleur aimait les enfants !

2 *La BD ci-dessus illustre un fait réel qui a été rapporté par les journaux. À votre tour, composez un court article pour présenter ce fait divers sur une feuille séparée.*

   – Présentez la situation et les personnages.

   – Faites le récit des événements, n'oubliez pas d'indiquer les relations (de temps, de cause…) entre les différentes scènes.

   – Faites un choix dans les informations et conservez uniquement celles qui doivent être retenues par le journaliste.

   – Rédigez votre texte de la manière la plus neutre possible, sans commentaires personnels.

3 *Donnez un titre à votre article.*

Point-DELF

DELF Unité A2 – Oral 1
Présentation et défense d'un point de vue

Observez le document ci-contre et décrivez-le.

  1 Quel est le problème ?

  2 Qu'en pensez-vous ?

Pour préparer l'épreuve

Répondez aux questions suivantes.

  1 De quel type de document s'agit-il :
un dessin humoristique, une publicité,
une vignette de BD, une illustration d'article… ?
Justifiez votre réponse.

  2 Où a lieu la scène ? Que font les personnages ?

  3 Est-ce que vous trouvez que ce document est amusant ? Pourquoi ?

Unité A2 – Écrit 2
Prise de position personnelle

Vous avez assisté à la scène ci-dessus. Écrivez une lettre dans un forum sur Internet en expliquant ce que vous avez vu et en donnant votre opinion sur le comportement des usagers du métro à Paris.

Interactions

1 Propositions.

1 Choisissez les répliques de Mme Jaminet qui correspondent au dialogue ci-dessous.

1 a Mais les laboratoires Jaminet ne sont pas à vendre, nous avons déjà refusé deux propositions.

b Nous avons déjà accepté l'offre d'achat de la société Rhône-Chimie.

2 a Ce qui peut intéresser la SIPRA, une société multinationale, c'est que le nom des laboratoires Jaminet n'existe plus : elle veut les faire disparaître.

b Allons donc ! D'après vous, la société SIPRA, une société multinationale, viendrait aider une petite société comme les laboratoires Jaminet ?

3 a Vous savez que nous n'avons pas de difficultés financières et que notre objectif est d'augmenter la production ?

b Quelles sont vos intentions alors ? Qu'est-ce que vous nous proposez ?

4 a Nous n'acceptons aucune condition. Nous continuerons à produire nos médicaments, nous ne vendrons pas les laboratoires Jaminet.

b Faire partie de la SIPRA ? Ce n'est pas l'idée que j'avais pour les laboratoires Jaminet… Nos spécialités connaissent un grand succès.

M. WERNER :	Mme Jaminet, bonjour.
MME JAMINET :	Bonjour, monsieur.
M. WERNER :	Je veux tout d'abord vous remercier d'avoir accepté de nous recevoir. Nous comprenons qu'il est pour vous difficile de prendre une décision concernant la vente des laboratoires Jaminet.
MME JAMINET :	**1** ....
M. WERNER :	Oui, nous sommes tout à fait informés, madame. Mais la Société internationale pour la recherche alimentaire que je représente ne vous propose pas la disparition des laboratoires Jaminet. Nous voulons vous aider, au contraire.
MME JAMINET :	**2** ....
M. WERNER :	Eh bien, n'en doutez pas, madame. Nous connaissons, bien sûr, votre situation et nous pensons qu'il serait regrettable que les spécialités que vous avez créées ne soient plus produites et que la marque disparaisse.
MME JAMINET :	**3** ....
M. WERNER :	Nous n'avons pas d'objectifs précis *a priori*. C'est seulement un premier contact. Vous pourriez faire partie du groupe. Nous sommes prêts à étudier vos conditions.
MME JAMINET :	**4** ....
M. WERNER :	Tout à fait, nous le savons. C'est justement pour cela que notre société regretterait que vous disparaissiez ; et l'avenir, c'est la recherche de nouveaux produits, ce qui exige de nombreux chercheurs.

2 Répondez aux questions suivantes.

a Qu'est-ce que la SIPRA ?

....

b Quel est le but de la réunion pour M. Werner ?

....

c Quels sont les arguments employés par M. Werner pour convaincre Mme Jaminet ?

....

....

....

d Est-ce que Mme Jaminet est totalement contre la vente des laboratoires qui portent son nom ?
Justifiez votre réponse. ....

....

....

2 À quoi ça sert ? Qu'est-ce qu'on peut en faire ?

En rangeant le grenier de la maison de campagne de votre vieille tante Élodie, vous avez trouvé les objets ci-dessous. Dites ce que vous allez en faire (ce que vous allez garder et pour quoi faire, ce que vous allez offrir à qui et à quelle occasion, ce que vous allez vendre, jeter, etc.).

▶ *Je vais garder cette vieille machine à écrire de 1933 afin de l'offrir à ma cousine Aline pour son mariage.*
  Comme ça, elle aura un souvenir de tante Élodie.

....

....

....

....

3 **Proposer de faire quelque chose.**

Dans les situations suivantes, il faut faire quelque chose. Faites parler les personnages.

1 ....
....
2 ....
....
3 ....
....

Grammaire

4 **Les pronoms possessifs.**

Complétez les minidialogues suivants avec des pronoms possessifs.

1 – Tu peux me donner mes skis, s'il te plaît ?

– Tiens, les voilà.

– Mais ce ne sont pas .... Ils sont plus courts.

– Ça doit être ceux de Bernard.

– Mais non, ... sont jaunes.

– Écoute, je ne sais pas. Moi, j'ai .... et les filles ont ....
Alors, cherche .... !

2 – Il faudrait connaître l'opinion des locataires sur l'installation de la poissonnerie.

– Oui, mais d'abord Marc, donne-nous ....

– .... est simple. Je suis d'accord avec vous.

– Et vous, André et Martine, quelle est votre opinion ?

– .... n'a pas d'importance. Il faut demander celle des locataires parce que c'est
.... qui sera prise en compte.

5 **Les constructions impersonnelles.**

À l'aide des expressions de l'encadré, donnez votre opinion sur les sujets suivants.

> Il est regrettable, il est nécessaire, il est sûr, il est juste/injuste, il est important, il est certain,
> il est normal, il est facile/difficile, il est dommage, il est vrai, il est bon, il est heureux, il est évident,
> il est étonnant, il est naturel, il est possible, il est incontestable, il est agréable.

1 Recycler le papier.

....

2 Ne plus enseigner le latin.

....

3 Supprimer des postes de fonctionnaires.

....

4 Voyager sans passeport.

....

5 Avancer l'âge de la retraite dans certaines professions.

....

6 Interdire les zoos dans certains pays.

....

7 Annuler la dette des pays pauvres.

....

8 Autoriser la chasse toute l'année.

....

6 **Les constructions impersonnelles.**

Transformez les énoncés suivants d'après le modèle (au lieu d'exprimer l'impression ou le sentiment d'une personne, les énoncés deviennent impersonnels).

Je trouve dommage qu'elle doive partir avant les fêtes.

▶ ***Il est dommage qu'elle doive partir avant les fêtes.***

1 Tu dois les prévenir tout de suite.

....

2 Paul s'étonne que Pierre ne soit pas venu.

....

3 Je trouve nécessaire de rappeler ici quelques évidences.

....

4 Le professeur permet qu'on utilise le dictionnaire.

....

5 Je te défends de t'approcher de la bordure du quai.

....

6 Je regrette qu'il ne soit pas parti avec vous en vacances.

....

7 Le directeur a interdit qu'on fume dans les bureaux.

....

7 **Constructions personnelles et impersonnelles.**

1 Employez les verbes suivants dans des phrases.

Aimer – aller – falloir – neiger – pleuvoir – regretter – s'agir – saluer.

....

....

....

....

....

....

....

....

2 Classez ces verbes.

Verbes qui admettent une construction personnelle	Verbes qui admettent une construction impersonnelle
....	....
....	....
....	....
....	....

8 **Infinitif, indicatif ou subjonctif ?**

Mettez les verbes entre parenthèses à la forme qui convient.

1 Pour que les paysans .... (pouvoir) continuer à vivre, il faut que l'on

.... (encourager) l'agriculture biologique.

2 Il est certain que nous .... (devoir) .... (refuser) les produits

chimiques pour que les produits que nous .... (proposer) ....

(avoir) du goût, qu'ils .... (être) sains et qu'ils ....

(se vendre) un prix raisonnable.

3 Il est nécessaire que nous .... (défendre) une production de qualité dans tous

les pays où nous .... (être) présents.

4 Il est important que les jeunes .... (apprendre) à bien se nourrir et nous

.... (vouloir) leur .... (apprendre) à ....

(manger) équilibré.

9 **L'expression du but.**

*Complétez les énoncés ci-dessous avec chacune des expressions suivantes : **afin que – afin de –
de peur de – pour – pour que**. Plusieurs réponses sont possibles.*

1 Ils sont allés à la boulangerie .... acheter un gâteau d'anniversaire pour Marine.

2 Il faut faire du sport .... garder la forme.

3 Je garderai les enfants .... vous puissiez aller au cinéma avec Julien.

4 Son avion part à 7 heures, Raphaëlle s'est levée à 4 heures du matin .... arriver

en retard à l'aéroport.

5 Ils ont travaillé pendant toute leur vie .... leurs enfants ne manquent de rien.

10 **L'expression du but.**

Imaginez des phrases en reliant les éléments suivants par une expression de but (pour – pour que – de peur de – de peur que).

Mettre les fleurs dans l'eau.   Se faner.

Remettre de l'essence.   Tomber en panne sur l'autoroute.

Faire sortir les enfants de la chambre de grand-mère.   Fatiguer.

Travailler tous les jours.   Réussir le concours d'entrée.

Changer de trottoir.   Dire bonjour.

Travailler beaucoup.   Ne pas réussir ses examens.

....

....

....

....

....

....

11 **L'expression du but.**

Complétez les énoncés suivants.

1 Nous avons acheté un ordinateur afin de ....

2 Nous avons acheté un ordinateur pour que ....

3 Nous avons acheté un ordinateur pour ....

4 .... pour que tu puisses présenter ta candidature.

5 .... de peur qu'il prenne froid.

6 .... pour passer le permis de conduire.

7 .... de peur de prendre froid.

Vocabulaire et orthographe

12 **Les mots composés.**

*1 Associez les mots **casse**, **garde**, **porte** aux mots page suivante pour former le plus de mots composés possibles. Vous pouvez utiliser un dictionnaire.*

1 Parole : ....

2 Bonheur : ....

3 Malade : ....

4 Cartes : ....

5 Croûte : ....

6 Manteau : ....

7 Meuble : ....

8 Fou : ....

9 Noisettes : ....

10 Bagages : ....

11 Documents : ....

12 Pieds : ....

13 Monnaie : ....

14 Cou : ....

2 Employez cinq de ces mots dans des phrases.

....

....

....

....

....

13 *Carte ou carnet ?*

*En français, on dit **une carte de vœux**, mais **un carnet de santé**. Classez les mots suivants dans le tableau. Vous pouvez utiliser un dictionnaire.*

Adresses – chèques – crédit – électeur – étudiant – fidélité – identité – notes – séjour – téléphone – timbres – visite – famille nombreuse.

Une carte de...	Un carnet de...
....	....
....	....
....	....
....	....
....	....
....	....
....	....
....	....

14 *À ou de ?*

*Complétez les énoncés ci-dessous avec **à** ou **de**.*

1 Je lui ai dit .... acheter une voiture.

2 Il a décidé .... partir.

3 Il veut parler .... Patrick .... son projet.

4 Les jeunes s'intéressent ………… la politique.

5 Elles nous ont promis ………… nous accompagner.

6 Ils nous ont demandé ………… sortir.

7 Nous voulons assister ………… la réunion.

8 Je me souviens ………… lui.

9 Elle l'a invité ………… dîner.

10 Nous l'avons encouragé ………… présenter sa candidature.

11 Il lui a interdit ………… regarder la télévision le soir.

12 Nous essaierons ………… être à l'heure.

13 Je l'ai autorisé ………… s'absenter vendredi prochain.

15 **Le pluriel des noms.**

Mettez au pluriel les énoncés suivants.

1 Le fait divers que j'ai lu ce matin m'a beaucoup fait rire.

....

2 Notre nouveau voisin est arrivé ce matin.

....

3 Le tissu vert foncé et beige clair que nous a proposé la vendeuse était bon marché.

....

4 Son certificat était faux.

....

5 La petite table marron qu'il a vue hier est soldée.

....

6 Le dossier bleu est à consulter.

....

7 Le journal ne parle pas de la manifestation d'hier.

....

S'exprimer

16 **Quels sont leurs projets, leurs objectifs ?**

1 Observez les dessins ci-dessous et écrivez sur une feuille séparée ce que ces personnages pensent faire dans la vie.

a

b

2 *Et vous ? Quels sont vos projets de travail, d'études ? Comment envisagez-vous votre vie personnelle ?*
Rédigez un texte d'une centaine de mots.

17 Faites-les parler.

Regardez l'image ci-contre. Ces jeunes doivent prendre une décision, mais les possibilités sont limitées : l'incendie avance, l'eau monte, le pont n'a pas l'air très solide. Imaginez ce qu'ils disent.
*Vous pouvez vous aider des **Outils pour exprimer la restriction**, Livre de l'élève p. 133.*
Écrivez sur une feuille séparée.

18 Le tract.

À partir des objectifs d'un homme politique, rédigez un tract. Commencez par :

Mes objectifs sont :
- l'augmentation des bas salaires
- la création de nouveaux emplois
- la défense de l'enseignement public
- le développement de la recherche scientifique
- la protection de l'environnement
- la réduction des impôts

Votez pour Richard Lenoir pour que ....
....
....
....

19 Écriture.

Observez l'illustration ci-dessous. Imaginez que vous êtes un des passants et rédigez un texte pour donner votre opinion. Proposez sur une feuille séparée quelques mesures à prendre pour éviter ou réduire la pollution sonore.

DELF Unité A4 – Écrit
Pratique du fonctionnement de la langue. Compréhension et expression

Les nouvelles solidarités

*En France, les initiatives d'un genre nouveau se multiplient. Dix millions de personnes,
engagées dans la vie associative, réinventent la solidarité. SEL, REAS, RES…
les nouveaux réseaux sont nombreux. Pour s'y retrouver, voici une brève présentation.*

Les Systèmes d'échanges locaux (SEL)

Ils adoptent des noms poétiques : « menhirs » en Bretagne, « truffes » en Dordogne, « piafs » à Paris… Aujourd'hui, plus de 30 000 personnes en France, regroupées dans des Systèmes d'échanges locaux, réinventent le troc multilatéral. Le système est d'une grande simplicité : les adhérents, regroupés en associations locales, reçoivent un crédit de départ (3 000 truffes, par exemple) et l'autorisation d'un débit dans leur SEL. Ils peuvent alors faire leur marché grâce à un catalogue qui publie une fois par mois les offres et les demandes, se contacter et négocier directement avec les autres usagers leurs produits et services, dans une « unité d'échanges » et l'on y trouve de tout. Dans le SEL de Paris, on échange des formations à l'informatique ou au multimédia, de la nourriture, des cours d'initiation à la couture, à la peinture, des voitures, la pose de mosaïques… « Ces gens s'organisent tranquillement, sans faire de bruit, en dehors du système, et prennent une liberté incroyable », note Maria Roche dans son reportage « La vie en réseau ».

Des réseaux économiques alternatifs et solidaires (REAS)

D'autres formes et structures originales agissent pour produire directement de la richesse et veulent être à la fois rentables et solidaires. Ce sont les REAS. Un univers aussi novateur qu'inconnu, fait de coopératives ouvrières de production, de clubs financiers locaux, de groupements de conseil… ou de banques d'un genre nouveau qui prêtent à ceux qui n'ont pas d'argent, qui ne sont pas acceptés par le système bancaire classique, par exemple, l'ADIE. Depuis huit ans, cette association prête aux chômeurs et aux RMistes créateurs d'entreprises… Résultat : 3 500 entreprises ont vu le jour. Un bilan d'autant plus intéressant que le coût de la création d'une de ces entreprises est inférieur de 50 % au coût annuel moyen d'un chômeur estimé par le ministère de l'Emploi.

Le troc des compétences (RES)

Fondés sur un principe de gratuité totale, les Réseaux d'échange de savoirs (RES) sont le résultat d'une démarche simple : je t'apprends et tu m'apprends en retour. Ici, réciprocité et égalité des savoir-faire sont étroitement associées. Le secret de la fabrication d'un gâteau vaut autant que l'apprentissage du russe, de la mécanique, ou de la navigation sur Internet. Fondés dans les années 70, les Réseaux d'échange de savoirs sont aujourd'hui en plein développement. On en compte actuellement 450, qui regroupent quelque 100 000 membres. Ils travaillent efficacement dans le silence et sans publicité pour aider les individus les plus défavorisés à trouver leur place dans la société.

Résumez le texte ci-dessus en une centaine de mots.

Pour préparer l'épreuve

1 Relevez cinq ou six mots clés dans la présentation de chacun des trois types de réseaux décrits.

2 Soulignez les informations qui ne sont pas indispensables (les exemples, les précisions, les citations…) pour savoir ce qu'est un SEL, un REAS, un RES.

3 Réduisez les énumérations en ne conservant qu'un ou deux éléments ou en les remplaçant par un seul mot de sens plus large.

Interactions

1 **Comment réagissent-ils ?**

1 *Regardez les images ci-dessus. Dites quels sont les personnages qui :*

a approuvent : .... **b** désapprouvent : .... **c** sont indifférents : ....

2 *Dites quel est l'énoncé ci-dessous qui a été prononcé par chacun des personnages qui regardent le défilé de mode. Copiez la lettre qui indique l'énoncé proposé dans la bulle correspondante.*

a Cela devrait être interdit. Elles sont tellement maigres… Après, les jeunes, veulent être comme elles et elles tombent malades.

b Quelle élégance ! Les modèles de haute couture sont encore plus impressionnants sur ces filles !

c Vous savez, qu'on soit gros ou maigre… Pour moi, ce n'est pas ce qui compte.

3 *Imaginez ce que dit chacun des personnages dans le dessin ci-dessous.*

a ....
....

b ....
....

c ....
....

2 La lettre du comité d'entreprise.

1 Lisez le document ci-dessous.

Chers amis,

Dans quinze jours, nous allons voter pour élire les membres du comité d'entreprise. D'après les sondages que nous avons pu faire, de nombreux collègues n'ont pas encore décidé à qui ira leur vote et surtout, ce qui nous semble plus grave, un grand nombre de collègues disent qu'ils ne voteront pas. En tant que membres du comité élu il y a deux ans, conscients de l'importance de ces élections et du rôle souvent décisif que joue le comité d'entreprise dans la vie de l'établissement, il nous semble nécessaire de rappeler que, pour pouvoir défendre efficacement les intérêts de tous ceux qui travaillent ici, il est indispensable que les délégués aient été élus par la grande majorité du personnel.

Nous avons parfois l'impression que certains pensent que les initiatives et les activités organisées par le comité ont été définitivement acceptées par la direction et que, quoi que nous fassions, nous pourrons continuer à en bénéficier. Or, il n'en est rien. C'est chaque année qu'il faut négocier l'organisation des vacances pour les enfants du personnel, c'est à chaque rentrée qu'il faut définir le programme des fêtes, les actions de solidarité pour les retraités, l'aide scolaire, la cantine, bref, tous les avantages sociaux dont nous sommes fiers et pour lesquels notre société est considérée comme un modèle dans tous les grands magasins, les hypermarchés et les « grandes surfaces ».

Mieux encore ! À une époque où l'on parle de plus en plus d'intéresser le personnel, de le faire participer à la gestion des entreprises, nous devons être bien conscients de ce que les comités d'entreprise ont un rôle à jouer de plus en plus important, en particulier du fait que les délégués peuvent connaître à l'avance de nombreuses décisions dont certaines concernent la gestion et les projets de développement.

Nous vous appelons donc à voter le 14 avril. Quels que soient la liste ou les candidats de votre choix, votez ! Il en va de notre avenir à tous.

Avec nos salutations les plus cordiales,

Les membres du comité d'entreprise sortant

2 Répondez aux questions suivantes.

a À qui s'adresse cette lettre ?

....

b Pourquoi, d'après le comité d'entreprise, y a-t-il beaucoup de personnes qui ne votent pas ?

....

....

c Pourquoi les membres du comité d'entreprise sortant ont-ils écrit cette lettre ? Trouvez au moins trois raisons.

....

....

....

3 D'après le texte, quelles sont les tâches du comité d'entreprise ?

....

....

4 Comparez les énoncés suivants :

a Nous vous appelons à voter le 14 avril ;   **b** Nous vous appelons donc à voter le 14 avril.

Pourquoi les auteurs du texte ont-ils employé l'énoncé b ?

....

....

3 **L'appartement.**

Lisez le dialogue suivant et indiquez :

1 les raisons pour lesquelles Anne pense que Léa ne doit pas louer l'appartement :

....

....

2 les raisons pour lesquelles Léa a versé une caution et pourquoi elle a décidé de louer l'appartement :

....

....

ANNE :	Mais tu ne vas quand même pas louer cet appartement !
LÉA :	Si, justement. Si j'ai les clés, c'est que j'ai déjà versé une caution. Pourquoi ? Qu'est-ce qu'il a cet appartement ?
ANNE :	Enfin, il est trop petit pour toi ! Et puis, il est loin de la gare.
LÉA :	Oui, mais regarde. Tout vient d'être repeint, les meubles de la cuisine sont tout neufs. Ce n'est pas tous les jours qu'on trouve un appartement comme ça.
ANNE :	Mais je ne comprends pas, celui qu'on est allé voir la semaine dernière était bien mieux.
LÉA :	Quand j'y suis allée, on l'avait déjà loué, j'avais trop attendu avant de me décider. C'est pour ça que j'ai payé la caution pour celui-ci, je ne voulais pas qu'il m'arrive la même chose.
ANNE :	Écoute, ce n'est pas le seul appartement à louer à Châtillon.
LÉA :	Peut-être… mais tu en connais beaucoup, toi, des appartements à 450 euros par mois dans le centre de Châtillon ? En tout cas, moi, je ne les ai pas trouvés !
ANNE :	Non, mais si tu veux, je peux t'aider à chercher.
LÉA :	De toute façon, c'est trop tard. Demain, j'aurai mon contrat et je pourrai emménager.
ANNE :	Quand est-ce que tu vas déménager ?
LÉA :	Ce week-end, je suis bien obligée puisque je dois quitter mon appartement la semaine prochaine.

Grammaire

4 *Grâce à ou à cause de.*

*Reformulez les phrases suivantes en utilisant **grâce à** ou **à cause de**.*

1 La route est coupée parce qu'il y a eu une avalanche.

....

2 Elle a obtenu le poste parce qu'elle avait une lettre de recommandation.

....

3 Ils ont été sauvés parce que les pompiers sont intervenus.

....

4 L'usine de Melun a été fermée parce que la société avait des difficultés financières.

....

5 Le vol a été annulé parce qu'il y avait du brouillard.

....

5 *Parce que, puisque ou comme ?*

Complétez avec parce que, puisque ou comme.

1 Ce n'est pas la peine de lui téléphoner .... on va le voir cet après-midi.

2 .... il était très tard, ils nous ont proposé de dormir chez eux.

3 Ce n'est pas .... il est malade qu'il faut lui passer tous ses caprices.

4 Écoutez, ... il ne vient pas, moi, je m'en vais.

5 Il est parti à Lyon .... son entreprise a été délocalisée.

6 Nous pourrions peut-être l'inviter à déjeuner, ... elle part demain.

7 .... elle part demain en voyage, elle ne viendra pas à la fête ce soir.

6 **La cause et la conséquence.**

Associez les énoncés de la colonne A avec des énoncés de la colonne B. Certains énoncés A correspondent à plusieurs énoncés B.

A	**B**
1 Mais, j'ai mes chances puisque	**a** il n'a pas indiqué le code postal.
2 J'ai gagné parce que	**b** vous serez là demain.
3 Ce n'est pas la peine que je vous écrive étant donné que	**c** nous ne sommes que trois candidats.
4 La lettre n'est jamais arrivée parce que	**d** j'ai eu beaucoup de chance.
5 Elle a dû changer d'adresse puisque	**e** la lettre m'a été renvoyée.
6 Elle a perdu parce que	**f** elle a pris trop de risques.
7 Je vais devoir déménager parce que	**g** son travail est très intéressant.
8 Il est très content de son nouveau poste parce que	**h** nous nous sommes mis d'accord au téléphone.
	i on m'a encore augmenté le loyer.

7 **L'expression de la conséquence.**

Reliez les éléments suivants par une des expressions de conséquence suivantes : ***donc – alors – tellement... que – si... que – par conséquent – de telle manière que.***

1 Il prétendait que je n'avais pas dit la vérité, ... tu comprends, je suis parti.

2 Il aime .... les animaux .... il ne mange ni viande ni poisson.

3 En un mois, la première édition était vendue. L'éditeur a .... immédiatement décidé de faire une deuxième édition.

4 Il y a .... brouillard .... on ne voit pas à trois mètres devant soi.

5 J'ai .... choses à faire .... je ne sais pas par quoi commencer.

6 Je savais qu'il était intelligent et courageux et que, ..., il réussirait.

7 Les volets sont fermés, ... ils sont partis.

8 Tout s'est passé .... vite........................... je n'ai rien vu.

9 Tu as encore mal ? .... appelle un médecin.

10 Cet étudiant a agi avec ses camarades .... on a fini par le punir.

11 Pour occuper ce poste, il faut avoir moins de trente ans, il est .... inutile que vous présentiez votre candidature.

8 La cause et la conséquence.

Réécrivez cette histoire en introduisant des expressions de cause et de conséquence.

    1 Je suis sorti du bureau plus tôt que d'habitude.

    2 J'avais un avion à prendre.

    3 Il y avait des embouteillages.

    4 Je suis resté quarante minutes dans le taxi.

    5 Le métro et le RER ne fonctionnaient pas.

    6 Il y avait une grève.

    7 Je suis arrivé tard à l'aéroport.

    8 J'ai raté mon avion.

    9 J'ai téléphoné à des amis pour les prévenir de mon retard.

    10 J'ai passé la nuit dans un petit hôtel proche de l'aéroport.

    11 J'ai pris le premier vol le lendemain matin.

....

....

....

....

....

9 L'ordre et l'interdiction.

1 Classez les énoncés ci-contr et recopiez-les pour compléter ce prospectus sur les aérosols.

LES AÉROSOLS : ÊTES-VOUS SÛR DE BIEN LES UTILISER ?

Où les ranger ?

   – ....

   – ....

   – ....

Important à savoir !

   – ....

   – ....

   – ....

   – ....

Et une fois vides ?

   – ....

   – ....

---

    a En toutes circonstances, les ranger et les tenir hors de portée des enfants.

    b Ne pas oublier de bien aérer après leur utilisation.

    c Ne pas les jeter directement à la poubelle.

    d Les placer dans un endroit frais et aéré.

    e Lire attentivement le mode d'emploi.

f Ne jamais laisser un aérosol au soleil.

g Ne pas fumer pendant leur utilisation.

h Ne pas les percer et ne pas les brûler !

i Ne pas utiliser près du feu.

2 *Ces mêmes indications ont été données par un vendeur. Transformez-les comme dans l'exemple.*

a *En toutes circonstances, les ranger et les tenir hors de portée des enfants.*

▶ ***En toutes circonstances, rangez-les et tenez-les hors de portée des enfants.***

b Ne pas oublier de bien aérer après leur utilisation.

....

c Ne pas les jeter directement à la poubelle.

....

d Les placer dans un endroit frais et aéré.

....

e Lire attentivement le mode d'emploi.

....

f Ne jamais laisser un aérosol au soleil.

....

g Ne pas fumer pendant leur utilisation.

....

f Ne pas les percer et ne pas les brûler !

....

i Ne pas utiliser près du feu.

....

10 L'ordre et l'interdiction.

Transformez en ordre ou en interdiction d'intérêt général les conseils suivants que vous avez donnés à un(e) ami(e) automobiliste.

1 Il faut que tu roules lentement quand tu arrives à un passage clouté, même s'il n'y a personne.

....

2 Tu ne devrais pas te déconcentrer en parlant avec les passagers.

....

3 En été, je te conseille d'avoir des lunettes de soleil à côté de toi.

....

4 Tu devrais faire attention à ne pas te retourner quand un passager assis à l'arrière te parle.

....

5 Tu sais bien qu'il est dangereux de fumer, de boire et de manger en conduisant.

....

6 Si ton portable sonne, je te conseille de ne pas répondre.

....

7 Si tu dois chercher quelque chose dans ton sac, il est prudent de t'arrêter.

....

8 N'oublie pas, quand le feu est orange, il faut s'arrêter.

....

9 En ville, il ne faut pas te déconcentrer en regardant les vitrines des magasins.

....

10 Surtout, n'essaye pas de lire ton journal en conduisant.

....

🔢 L'expression de l'opposition.

Remplacez **mais** *par* **pourtant** *ou* **en revanche**.

1 Il fait très beau à Paris, mais il pleut beaucoup dans le Sud.

....

2 Cet endroit est réputé pour la pêche, mais je n'ai pas encore pris un seul poisson.

....

3 Jérôme a beaucoup travaillé, mais il a raté ses examens.

....

4 Le dernier film de Hugues Ambroise a été salué par toute la critique, mais celui de Richard Lebrun a été très critiqué.

....

5 Le dernier film de Hugues Ambroise a été salué par toute la critique, mais il ne m'a pas plu du tout.

....

6 Elle a beaucoup de défauts, mais il l'aime.

....

🔢 L'expression de l'opposition.

Complétez avec **alors que – au lieu de – bien que – avoir beau – sans que – même si – tandis que**.

1 .... on n'aime pas les légumes, il faut en manger tous les jours.

2 Pierre continuait à manger .... les invités avaient fini depuis un quart d'heure !

3 Elle a écrit tous ses romans en français .... sa langue maternelle soit le créole.

4 Julien .... me dire qu'il n'est pas touché par son départ, je vois bien qu'il est triste.

5 .... je n'ai jamais été son élève, je sais que c'était un excellent professeur.

6 Il fait tous les soirs ses devoirs, ... on ait besoin de le lui rappeler.

7 Pour lui, gagner de l'argent, c'est réussir, ... pour elle, c'est vivre mieux.

8 Il réussit toujours à entrer .... la concierge s'en aperçoive.

9 .... ses notes soient meilleures que le trimestre dernier, il faut qu'il travaille un peu plus.

10 .... de te fâcher, aide-moi à trouver une solution.

13 **L'expression de l'opposition.**

*Remplacez **malgré** + nom par des expressions d'opposition + verbe conjugué.*

Malgré ses problèmes de santé, elle va aller voir son fils en Provence.

▶ **Elle va aller voir son fils en Provence bien qu'elle ait des problèmes de santé.**

1 Malgré les bouchons, nous arriverons à l'heure.

....

2 Malgré sa timidité, il l'a invitée à danser.

....

3 Malgré la baisse de la natalité dans les pays industrialisés, il n'y a jamais eu autant d'enfants dans les écoles maternelles.

....

4 Malgré la pluie, les visiteurs sont nombreux.

....

14 **L'expression de l'opposition.**

*Retrouvez la cohérence du texte en employant les mots et expressions suivants : **alors – cependant – mais – cependant – étant donné que – parce que – par conséquent – pourtant**.*

> ### Le cerveau a-t-il un sexe ?
>
> C'est un sujet dont les professeurs n'aiment pas parler : il est opposé à l'égalitarisme scolaire. Les faits sont .... là : les filles réussissent mieux que les garçons. Cela n'implique pas .... que les femmes soient plus intelligentes que les hommes. .... comment se fait-il que les adolescentes ont les meilleurs résultats au baccalauréat ? C'est, ... à cet âge, elles sont plus sérieuses et travailleuses. ...., à partir de vingt ans il n'y a pratiquement plus de différence.
> Sur le marché du travail, les deux sexes ne sont pas .... sur un pied d'égalité : .... il y a encore des préjugés favorables aux hommes, ce sont eux qui occupent en général les postes les plus importants. Certains pensent qu'il faudrait .... exiger des mesures particulières en faveur des femmes.

15 **L'expression de la mesure.**

*Complétez le texte suivant avec les unités de mesure suivantes : **mètres – ans – mètres carrés – mètres – heures – tonnes – mètres**.*

Si vous venez à Paris, il faut visiter la tour Eiffel, elle fait 318,7 .... de haut et pèse 7 000 .... Au Louvre, il y a maintenant plus de 60 000 .... d'exposition grâce aux travaux réalisés depuis quinze .... Vous pouvez même le visiter en nocturne le mercredi soir jusqu'à 22 .... Si vous avez de la chance, vous pourrez aussi aller à un concert à Bercy. La grande salle mesure 128 .... de longueur sur 103 .... de largeur, elle peut accueillir de 3 500 à 17 000 places selon les spectacles.

Unité 8

Vocabulaire et orthographe

16 **Le préfixe *dé-/des-*.**

*Dites si, dans les mots suivants, la syllabe **dé-/des-** indique le contraire de quelque chose. Employez chaque mot dans une phrase. Vous pouvez utiliser un dictionnaire.*

    1 Débloquer. ....

    2 Décembre. ....

    3 Décider. ....

    4 Décaféiné. ....

    5 Déclarer. ....

    6 Démonter. ....

    7 Défaire. ....

    8 Dérégler. ....

    9 Désapprouver. ....

    10 Décoller. ....

    11 Démontrer. ....

    12 Défavoriser. ....

    13 Décharger. ....

    14 Désinfecter. ....

    15 Décevant. ....

    16 Déplaire. ....

17 **Le préfixe *mé-/mes-*.**

*Dites si la syllabe **mé-/mes-** donne un sens négatif. Employez chaque mot dans une phrase. Vous pouvez utiliser un dictionnaire.*

    1 Méconnaître. ....

    2 Médicament. ....

    3 Mésentente. ....

    4 Mécontent. ....

    5 Méfiance. ....

    6 Médaille. ....

    7 Mésaventure. ....

    8 Mélange. ....

18 **Attention à l'orthographe !**

*Complétez les énoncés suivants avec **coup, coût, cou, par, part** ou **pars**.*

    1 Le .... de la vie a augmenté de 1,23 % l'année dernière.

    2 Alain .... tous les ans au mois de juillet. Moi, ... contre,
    je .... toujours au mois de janvier.

    3 Philippe a donné un .... de main à son frère.

    4 À l'hôpital, elle a été soignée .... son médecin habituel.

    5 Je ne l'avais pas vue et je lui ai donné un .... dans le dos.

    6 Il porte un foulard autour du .... et jamais de cravate.

19 Faites-les parler.

Observez les illustrations suivantes et faites parler les personnages.

> Si tu veux
> que les jeunes votent pour
> toi, enlève ta cravate.

1 ....
....
....
....

2 ....
....
....
....

20 Camper.

Vous avez été le témoin de la scène illustrée ci-dessous. Vous écrivez une lettre au courrier des lecteurs d'un magazine pour raconter ce que vous avez vu et vous donnez votre opinion sur le camping sauvage.

Rédigez un texte d'une quinzaine de lignes sur une feuille séparée.

21 Forum sur le cinéma.

En naviguant sur Internet vous avez découvert un forum sur le sujet suivant : **Quel est le film qui vous a le plus marqué ? Racontez brièvement l'histoire et dites pourquoi il vous a marqué.**

Sur une feuille séparée, rédigez un texte d'environ 200 mots sur ce sujet.

Point-DELF

DELF Unité A4 – Écrit
Pratique du fonctionnement de la langue. Compréhension et expression

Appel à témoins

Paris – Lundi 14 février, vers 19 heures, dans un wagon de la ligne A du RER, une dame d'un certain âge a été agressée par un jeune qui essayait de lui arracher son sac. C'est alors qu'un autre jeune, Jérôme L., étudiant, qui venait de monter à la station Vincennes, voit la scène et, quoique à peine âgé de dix-huit ans, intervient pour aider la dame. Mais l'agresseur se retourne alors contre lui, le frappe à la tête, puis s'enfuit. Dans le wagon, personne ne réagit. Seule la dame, encore toute tremblante, lui sourit comme pour le remercier et… descend à la station suivante. Jusque-là, rien qu'une simple scène, qui, malheureusement, n'a rien d'exceptionnel.

Mais, quelques heures après, rentré chez lui, Jérôme se sent mal, ses parents le conduisent à l'hôpital… Diagnostic : blessure au-dessus de l'oreille gauche et troubles de la vue, suivis le lendemain de perte de mémoire.

C'est alors que les problèmes commencent : les assurances n'acceptent pas de prendre à leur charge cette affaire. En effet, il n'y a pas de témoin, personne n'a rien vu et, pour un peu, on accuserait Jérôme L. d'être intervenu alors qu'il n'était pas personnellement agressé.

Les parents, eux, espèrent que certaines des personnes qui étaient dans le wagon se souviennent : la dame d'abord, et puis les autres passagers qui n'ont pas pu ne pas voir. Si vous avez vu la scène, vous pouvez vous adresser à : joelle.lenoir@info-free.fr

1 *Dites si les affirmations suivantes sont vraies ou fausses. Si elles sont fausses corrigez-les. Si elles sont vraies, relevez dans le texte les mots et expressions sur lesquels vous fondez votre réponse.*

 1 La dame avait une trentaine d'années.

 2 Elle a dit merci à Jérôme.

 3 Certains passagers du wagon ont donné leur numéro de téléphone à Jérôme.

 4 À la suite de son intervention, Jérôme a eu des problèmes de santé.

2 *Quels sont les comportements dénoncés par la journaliste dans cet article ? Justifiez votre réponse par des mots et expressions relevés dans le texte.*

3 *Imaginez que vous avez assisté à la scène. Écrivez à l'adresse indiquée et donnez le signalement de l'agresseur en vous inspirant de l'illustration ci-dessous.*

Module 3

Interactions

1 La Maison des jeunes et de la culture.

1 La Maison des jeunes et de la culture de Villeneuve est devenue une association. Son président a convoqué les jeunes les plus actifs à une réunion à laquelle participent également le secrétaire et le trésorier. Lisez le texte suivant, qui reproduit le débat.

---

a .... : Chers amis, bonsoir. Vous n'ignorez pas que notre situation financière nous oblige à prendre des mesures pour que nous puissions continuer à exister. Je vous ai donc réunis ce soir parce que vous êtes les premiers intéressés par le fait que notre association surmonte la crise que nous traversons.

b .... : Oui, nous avons tous reçu votre lettre, alors nous connaissons vos arguments. Mais nous sommes contre les solutions que vous proposez. Nous en avons discuté entre nous et nous sommes tous du même avis : on ne doit pas transformer un centre culturel comme le nôtre en entreprise commerciale. Notre but n'est pas de gagner de l'argent.

c .... : Je suis bien d'accord avec toi, Gabriel. Mais il ne s'agit pas de gagner de l'argent, il s'agit de pouvoir fonctionner. Moi, en tant que trésorier, je ne peux qu'approuver les paroles de notre président. Avec ce que payent les membres de l'association – les cotisations – et l'aide de la mairie, nos entrées sont insuffisantes pour payer l'eau, le gaz, l'électricité et… surtout, le personnel !

d .... : Ce qu'on ne peut pas, c'est faire payer la location des salles ! D'ailleurs, je me demande si nous en avons le droit, sous prétexte qu'il y a des problèmes financiers… Nous occupons des locaux publics, non ! ?

e .... : Écoutez, ce n'est pas en nous fâchant que nous résoudrons nos problèmes. Permettez-moi de préciser que nous ne pensons pas faire payer la location des salles, nous proposons qu'on détermine une somme fixe pour aider à payer les frais et nous ne demandons cette somme qu'aux associations extérieures à la Maison ; les copropriétaires d'un immeuble, par exemple, qui nous demandent cette salle pour réunir leur assemblée…

f .... : Bon, après cette précision de notre secrétaire, je propose maintenant qu'on organise des groupes de travail afin d'étudier la situation et de suggérer des solutions.

---

2 Répondez aux questions suivantes.

    a Quelles sont les répliques prononcées respectivement par le président, le trésorier, le secrétaire, Gabriel (le porte-parole des jeunes) ?

    b Quels sont les frais de l'association ?

    ....

    c Quels sont, d'après le texte, les revenus de la Maison des jeunes et de la culture de Villeneuve ?

    ....

d Gabriel est le porte-parole des jeunes. D'après ce qu'il dit, quelle est leur opinion sur les mesures prises ? Pour quelles raisons ?

....

....

e Quelles sont les précisions apportées par le secrétaire ?

....

....

....

2 Une campagne électorale.

1 Observez l'illustration ci-dessous.

2 Quels sont les moyens utilisés par les différents candidats pour faire connaître leur programme et demander aux électeurs de voter pour eux ?

....

....

3 Relevez les slogans des candidats et/ou des partis qui participent à cette campagne électorale. Dites en quelques mots quelles sont, d'après vous, les idées qui correspondent à chaque slogan.

....

....

....

....

....

4 Imaginez trois nouveaux slogans.

....

....

....

3 Lettre aux électeurs.

1 Lisez cette lettre aux électeurs.

Chers électeurs, chères électrices, mes chers concitoyens,

Les élections au Parlement européen auront lieu le 20 juin prochain. Maire indépendant de Boissy, petite ville de Bourgogne, j'ai décidé de présenter ma candidature.

Je suis conscient de n'être qu'un tout-petit David à côté de ces énormes machines que sont les partis et les alliances électorales. Mais après avoir profondément et longuement réfléchi, après en avoir parlé avec mes amis, j'ai tout de même décidé de me présenter en limitant ma campagne électorale à cinq réunions et à des contacts par Internet. Écrivez-moi, téléphonez-moi, envoyez-moi des messages par fax, par courrier électronique. Je vous invite à participer à notre forum quotidien sur le Net : nous échangerons nos idées. C'est par cette relation directe et personnelle que je veux faire connaître mon programme qui, j'en suis sûr, correspond à vos intérêts et à vos attentes. Je n'ai pas les moyens de participer à une campagne électorale classique que nous payons nous-mêmes et qui nous revient cher. En aurais-je eu les moyens, je ne l'aurais pas fait non plus, car je pense que la politique est avant tout une affaire de raison et de cœur, et que, pour défendre des idées, il faut convaincre avec des arguments et non essayer de séduire les électeurs à l'aide de publicité.

Pourquoi est-ce que je participe à cette aventure ? Pourquoi ai-je pris cette décision ?

Les raisons en sont simples. Aujourd'hui, les problèmes de société se posent au niveau européen ou mondial, mais ce sont les institutions européennes qui apportent des solutions efficaces. La santé, l'immigration, les transports, la pollution, la délinquance, la recherche scientifique, le dopage dans les sports sont des exemples qui illustrent bien la situation.

La deuxième raison pour laquelle je vous demande votre voix est à la fois plus profonde et plus précise. Il s'agit de la conception même que nous avons de l'Europe. Au début, l'unité européenne s'est réalisée d'abord au plan économique, mais il est vrai que ce qui l'a rendue possible et ce qui en fait la force, c'est d'abord une conception de la culture et des valeurs en grande partie communes. Notre patrimoine commun est immense : nous devons le défendre et l'enrichir. L'Europe sera plurilingue et pluriculturelle ou ne sera pas. La tolérance, la solidarité, le respect et la défense des droits de l'homme sont des valeurs universelles qui, en grande partie, sont nées en Europe. Il faut faire des lois qui garantissent l'application de ces principes, il faut agir pour que ces lois règlent la vie de la cité.

Boissy est fière aujourd'hui d'être non seulement une ville dynamique au plan économique, mais aussi un carrefour de cultures, un lieu de rencontres, dont les manifestations sont connues même au-delà de nos frontières. Grâce à votre confiance, quand j'aurai été élu, je saurai faire en sorte que nos initiatives soient reprises au niveau européen et que, grâce à l'aide des institutions de l'Union, elles puissent se réaliser.

Jean Leroy
député-maire de Boissy (Saône-et-Loire), candidat indépendant au Parlement européen

2 Répondez aux questions suivantes.

a À qui s'adresse exactement la lettre de Jean Leroy ?

....

....

b Pourquoi Jean Leroy a décidé de ne pas faire une campagne électorale « classique » ?

....

....

c Comment va-t-il faire connaître son programme pendant la campagne électorale ?

....

....

d Quels sont, d'après lui, les principaux problèmes de société ?

....

....

e Présentez le candidat. Quelles sont ses fonctions, ses mérites, ses intentions… ?

....

....

*3 Pour sa campagne électorale, Jean Leroy a noté sur un carnet les arguments qu'il développe dans les meetings et dans sa **lettre aux électeurs**. À partir du texte ci-dessus, rédigez ses notes sur une feuille séparée.*

– *Me présenter…*

Grammaire

4 Les pronoms relatifs.

Complétez ces présentations d'ouvrages avec des pronoms relatifs simples ou composés.

1 *Le Jardin intime*, un roman .... sont rassemblés tous les éléments de l'art de Frédéric Duchamp.

2 *Pierre et Paul*, la vie de deux hommes .... travaillent ensemble, mais .... s'ignorent.

3 *L'Œuvre*, le livre d'un homme .... la vie tranquille va changer après sa rencontre avec Lucie.

4 *Je dis non*, une sélection des lettres .... Bernard Santos a écrites en prison.

5 *Le Regard de l'autre*, un texte court .... l'auteur explicite la thèse selon .... les vies privées sont un spectacle public.

6 *Soleil noir*, le récit de l'expédition durant .... les soldats de Cortés ont attaqué l'empire aztèque.

5 Les pronoms relatifs composés.

Complétez à l'aide d'un pronom relatif composé. N'oubliez pas, si besoin, la préposition.

1 Je vais te présenter Paul. Tu sais, celui .... j'ai fait toutes mes études.

2 L'entreprise .... travaillait ton grand-père existe toujours. Aujourd'hui, c'est Unilux.

3 Je remercie les institutions sans l'aide .... ces Journées n'auraient pas pu avoir lieu.

4 C'est une personne .... je suis très attaché.

5 Les chiens .... j'ai, en général, une certaine sympathie ne devraient pas être admis dans les restaurants.

6 Je tiens d'abord à vous remercier pour la rapidité .... vous avez répondu à ma demande.

7 Ces Journées .... vous participez jouent un rôle important.

6 Le futur antérieur.

Mettez les verbes au futur antérieur.

1 Quand tu .... (prendre) le TGV une fois, tu ne voudras plus prendre l'avion.

2 Demain, à cette heure-ci, nous .... (déménager) et nous serons dans notre nouvel appartement.

3 Elle n'est toujours pas là ! Elle .... (se perdre) dans la vieille ville.

4 En juin, quand tu viendras, nous .... (terminer) tous les travaux dans la maison et on .... (aménager) une chambre pour toi.

5 Il se présentera dès qu'il .... (recevoir) sa convocation.

6 Je vous avertirai dès que la décision .... (être prise).

7 Pauline sortira dès qu'elle .... (ranger) sa chambre.

7 Futur ou futur antérieur ?

Mettez les verbes du dialogue suivant au futur ou au futur antérieur.

– Si Philippe n'est pas venu, c'est qu'il .... (ne trouver) personne pour garder les enfants.

– Ou il .... (penser) que le rendez-vous était à l'arrêt du 62, comme d'habitude.

– Alors, il .... (attendre) pour rien sous la pluie.

– Oh, je pense qu'il .... (avoir) l'idée de rentrer dans le café qui est juste en face.

– Enfin, nous, nous l'... (attendre) une heure !

– Ce qui est sûr, maintenant, c'est qu'il .... (ne plus venir).

– Et nous, nous .... (l'attendre) une heure pour rien.

– Écoute, rentrons. On lui .... (téléphoner) ce soir de la maison.

8 L'infinitif passé.

Complétez.

1 Tu regarderas la télévision après .... (finir) tes devoirs.

2 On lui a retiré son permis de conduire pour .... (conduire) en état d'ébriété.

3 Je suis rentré chez moi après l'... (attendre) une heure.

4 Il a été expulsé du collège pour .... (copier) à l'examen.

5 Après .... (aller) en Auvergne voir sa mère, il est directement parti occuper son poste à Ouagadougou.

6 Il a été puni pour .... (s'amuser) à faire des graffitis sur les murs.

7 Il est très content d'... (être embauché) par la société Dumond.

8 Il a abandonné ses études avant d'... (obtenir) ses diplômes.

9 Ne partez pas sans .... (s'assurer) que le robinet du gaz est bien fermé.

10 On l'a félicité pour .... (savoir) s'arrêter à temps.

9 Infinitif présent ou infinitif passé ?

Complétez les énoncés avec l'infinitif présent ou passé des verbes suivants.

1 Je vais .... (téléphoner) à Jacques pour

l'... (inviter) à la fête.

2 Il a eu une amende pour .... (se garer) devant la sortie du cinéma.

3 Ne branchez pas l'appareil avant de .... (lire) le mode d'emploi.

4 Ils sont allés .... (danser) après ....

(dîner) chez Marcel.

5 Il s'est levé plus tôt afin de .... (pouvoir) prendre le vol de 7 h 30.

6 Il l'a laissé partir sans lui .... (dire) qu'il l'aimait.

7 Il vient de téléphoner pour .... (réserver) une table pour ce soir.

8 J'ai lu mon journal avant de .... (partir).

10 L'expression de la cause, de la conséquence et de l'opposition.

Imaginez la première partie des énoncés suivants.

1 .... parce qu'elle n'avait plus d'argent.

2 .... nous avons donc dû tout recommencer.

3 .... puisque tu ne veux pas me raconter ce qui s'est passé.

4 .... alors, n'y pense plus !

5 .... c'est pourquoi il n'apparaît pas sur les listes.

6 .... par conséquent nous sommes partis.

11 L'expression de la cause, de la conséquence et de l'opposition.

Reliez les éléments suivants par une relation de cause, d'opposition ou de conséquence.

1 La lecture est un moyen d'occuper nos loisirs

.... elle est surtout un

moyen d'instruction.

2 La lecture développe l'imagination ....

elle oblige à « voir » en pensée ce que le texte décrit ou raconte.

3 La lecture permet de s'ouvrir au monde ....

un enfant qui lit a moins de difficultés à comprendre le monde qui

l'entoure.

4 La publicité informe les acheteurs ....

souvent c'est à cause de la publicité que nous achetons des

produits inutiles.

5 Le produit se vendait mal, ... le fabricant a eu l'idée de lancer

une campagne publicitaire dans tous les médias .... il y a renoncé

.... cela revenait trop cher.

6 Les chaînes de TV publiques ne devraient pas avoir de publicité,

.... elles reçoivent une aide importante de l'État.

12 La formation des verbes.

Quels mots peut-on reconnaître dans les verbes suivants ?

1 Ensoleiller → ....

2 Atterrir → ....

3 S'envoler → ....

4 Économiser → ....

5 Enneiger → ....

6 Innover → ....

7 Grandir → ....

8 Faciliter → ....

13 La formation des verbes.

1 Trouvez des verbes à partir des mots suivants.

1 La descente → ....

2 Marginal → ....

3 Général → ....

4 Sensible → ....

5 Gros → ....

6 Le regard → ....

7 Actuel → ....

8 Rouge → ....

9 Le mélange → ....

10 Mondial → ....

2 Faites six phrases avec un de ces verbes (un verbe différent à chaque fois).

....

....

....

....

....

....

14 [pɛʀ].

*Complétez les énoncés suivants avec **pairs**, **paire**, **père** ou **perd**.*

1 Alain et mon .... ont pris quelques jours de repos après leur séjour en Inde.

2 J'ai acheté une belle .... de gants.

3 Deux, quatre, six, huit, dix, douze sont des numéros ....

4 Mathieu .... toujours sa montre, c'est la cinquième que je lui offre.

5 On dit qu'on ne .... rien a essayer, alors essaye toujours.

15 [pʀi].

*Complétez les énoncés suivants avec **prie**, **pris**, **prit** ou **prix**.*

1 Allez, Ludovic, prenez ce livre, je vous en ....

2 Elle arriva à 8 heures, elle .... ses affaires et elle partit tout de suite après.

3 Ils ont .... beaucoup de précautions avant d'en parler à leurs amis.

4 Les .... ont beaucoup augmenté ces derniers mois.

5 Je vous .... d'agréer mes sincères salutations.

16 [sɑ̃].

*Complétez les énoncés suivants avec **cent**, **sang**, **sans**, **s'en**, **sens** ou **sent**.*

1 On lui a fait une transfusion de ....

2 J'habite une ville de .... mille habitants.

3 Ils avaient décidé de .... aller .... en parler aux autres membres de l'équipe.

4 Je .... qu'on va bien s'entendre, vous et moi.

5 Laure est partie .... avertir personne.

6 Mais qu'est-ce que ça .... bon, ici !

S'exprimer

17 **Faites-les parler.**

▲ **1** *Gina interrompt Vincent, mais Vincent ne veut pas lui laisser la parole.*

▲ **2** *Mme Moreau se donne du temps pour réfléchir.*

18 **Écriture.**

À partir des arguments suivants sur les bienfaits du sport, trouvez-en deux ou trois de plus et rédigez un petit texte sur une feuille séparée (vous pouvez vous aider des mots et expressions relevés dans l'exercice 12).

– La pratique d'un sport favorise l'esprit d'équipe.

– Grâce au sport, on développe le sens de la solidarité et le respect de l'intérêt collectif.

– Le sport détend et a une influence bénéfique sur la santé.

– La pratique d'un sport nous apprend à savoir perdre et à respecter les règles du jeu.

19 **Quel type de vacances préférez-vous ?**

Faites une liste des arguments pour ou contre chaque type de vacances. Rédigez un texte de 150 mots environ sur une feuille séparée.

Point-DELF

DELF Unité A3 – Écrit 2
Demande d'information sur un sujet de la vie courante

Cette année, vous avez décidé de louer un appartement à la mer pour deux semaines au mois de juillet. Vous avez contacté une agence immobilière et vous leur avez donné toutes les indications pour qu'ils trouvent l'appartement de vos rêves. Arrivé(e) sur les lieux, vous découvrez que l'appartement que vous avez loué ne correspond pas à ce que vous aviez demandé. Rédigez la lettre de réclamation. Aidez-vous des descriptions et des dessins ci-dessous.

Vous aviez demandé :

– un appartement neuf,   — un court de tennis,

– trois pièces,   — dans un petit village,

– une grande piscine,   — à 200 m de la plage.

Vous avez loué :

– un appartement très vieux, sale,

– deux pièces,

– isolé, loin de tout,

– dans un village à 100 mètres de l'autoroute,

– à 15 km de la mer (avec une plage polluée).

LEXIQUE

Abréviations

adj.	adjectif	n. f.	nom féminin	pron. ind.	pronom indéfini	v. intr.	verbe intransitif
adv.	adverbe	n. m.	nom masculin	sg.	singulier	v. pron.	verbe pronominal
loc.	locution	pl.	pluriel	v. imp.	verbe impersonnel	v. tr.	verbe transitif

	Français, *cat. gram.*	Anglais	Allemand	Espagnol	Portugais	Grec
4	abandonner, *v. tr.*	to abandon	verlassen	abandonar	abandonar	εγκαταλείπω
6	abbé, *n. m.*	priest, abbot	Abt	abad, abate	abade	αβάς
7	abriter, *v. tr.*	to shelter	beherbergen	poner a cubierto	abrigar	στεγάζω
7	accent, *n. m.*	accent	Akzent	acento	sotaque	προφορά
1	accepter, *v. tr.*	to accept	akzeptieren	aceptar	aceitar	δέχομαι
4	accès, *n. m.*	access	Zugang	acceso	acesso	είσοδος
1	accompagnement, *n. m.*	accompaniment	Begleitung	acompañamiento	acompanhamento	συνοδεία
5	accorder, *v. tr.*	to grant	zugestehen	conceder, otorgar	dar	παραχωρώ
3	accueillir, *v. tr.*	to welcome	empfangen	acoger	acolher	υποδέχομαι
5	accusé, *n. m.*	defendant	Angeklagter	acusado	acusado	κατηγορούμενος
3	achat, *n. m.*	purchase	Kauf	compra	compra	αγορά, ψώνιο
1	acteur, actrice, *n.*	actor	Schauspieler	actor	actor	ηθοποιός
1	actualité, *n. f.*	news	Nachricht	actualidad	actualidade	επικαιρότητα
3	actuel, *adj.*	current	aktuell	actual	actual	σύγχρονο
1	adjoint, *n. m.*	deputy, assistant	Stellvertreter	adjunto	adjunto	αντιδήμαρχος
7	administration, *n. f.*	administration	Verwaltung	administración	administração	διοίκηση
2	affamé, *adj.*	starving	hungrig	ávido, hambriento	esfomeado	πεινασμένος
2	affectueux, *adj.*	affectionate	anhänglich	afectuoso	afectuoso	ζεστός, τρυφερός
5	affirmer, *v. tr.*	to assert	bestätigen	afirmar	afirmar	βεβαιώνω
7	âgé, *adj.*	old	alt	de edad	idoso (a)	ηλικιωμένος
6	agent, *n. m.*	employee, agent	Angestellte	agente, empleado	empregado	υπάλληλος
8	agréer, *v. tr.*	to accept	zulassen	aceptar, recibir	aceitar	αποδέχομαι
5	aide, *n. f.*	help	Hilfe	ayuda	ajuda	βοήθεια
2	aimable, *adj.*	kind, friendly	freundlich	amable	amável	ευγενικός
4	aire, *n. f.*	area	Rastplatz	área	área	περιοχή
2	aise (à l'), *loc.*	at ease	wohl	a gusto, cómodo (a)	à vontade	άνετα
7	album, *n. m.*	album	Album	álbum	disco	λεύκωμα
5	alimentation, *n. f.*	food	Ernährung	alimentación	alimentação	διατροφή
5	amateur, *n. m.*	amateur	Amateur	aficionado	amador	ερασιτέχνης
1	ambiance, *n. f.*	atmosphere	Stimmung	ambiente	ambiente	ατμόσφαιρα
5	améliorer, *v. tr.*	to improve	verbessern	mejorar	melhorar	καλυτερεύω
2	aménager, *v. tr.*	to convert, do up	einrichten	acondicionar, instalar	instalar	διαρρυθμίζω
4	amende, *n. f.*	fine	Strafe	multa	multa	πρόστιμο
3	amour, *n. m.*	love	Liebe	amor	amor	αγάπη
1	amusant, *adj.*	amusing	lustig	divertido	divertido	διασκεδαστικός
2	animal, *n. m.*	animal	Tier	animal	animal	ζώο
1	animation, *n. f.*	animation	Veranstaltung	animación	animação	δραστηριοποίηση
1	animer, *v. tr.*	to animate, coordinate	beleben, leiten	animar	animar	εμψυχώνω
3	annonce, *n. f.*	small ad	Anzeige	anuncio, noticia	anúncio	αγγελία
6	appareil, *n. m.*	device, apparatus	Apparat	aparato	aparelho	συσκευή
5	appartenir, *v. tr. ind.*	to belong to	gehören	pertenecer	pertencer	ανήκω
6	apport, *n. m.*	(vitamin) content	Einlage	aportación	aporte	συμβολή
1	aquarelliste, *n.*	watercolour painter	Aquarellmaler	acuarelista	aquarelista	ακουαρελίστας
5	argent, *n. m.*	money	Geld	dinero	dinheiro	χρήμα
2	argumenter, *v. tr./intr.*	to argue	argumentieren	argumentar	argumentar	επιχειρηματολογώ
7	arrondissement, *n. m.*	district	Arrondissement	distrito	bairro, distrito	διοικητικό διαμέρισμα
1	artiste, *n.*	artist	Künstler	artista	artista	καλλιτέχνης
2	assassiner, *v. tr.*	to assassinate	töten	asesinar	assassinar	δολοφονώ
2	asseoir (s'), *v. pron.*	to sit down	setzen, sich	sentarse	sentar (-se)	κάθομαι
3	assister, *v. tr. ind.*	to assist, attend	beiwohnen	asistir	assistir	βοηθώ
1	association, *n. f.*	association	Verein	asociación	associação	σύλλογος
6	assuré, *n. m.*	insured person	Versicherte	asegurado	garantido	ασφαλισμένος
6	attachement, *n. m.*	attachment	Zuneigung	apego, dedicación	apego	δέσιμο
5	attacher, *v. tr.* (s'), *v. pron.*	to do up, become attached to	verbinden	dedicarse	apegar (-se)	δένομαι
2	attaquer, *v. tr.*	to attack	angreifen	atacar	atacar	επιτίθεμαι
8	atteindre, *v. tr.*	to reach	erreichen	alcanzar	atingir	φθάνω
8	attente, *n. f.*	expectation	Erwartung	espera	expectativa	αναμονή
6	attirer, *v. tr.*	to attract	anziehen	atraer	atrair	ελκύω
1	attraction, *n. f.*	attraction	Attraktion	atracción	atracção	ενδιαφέρον
4	attraper, *v. tr.*	to catch	fangen	atrapar	apanhar	πιάνω
8	attrayant, *adj.*	attractive	anziehend	atrayente	atraente	ελκυστικό
9	auberge, *n. f.*	inn, hostel	Herberge	posada, mesón	pousada	πανδοχείο
1	audiovisuel, *n. m.*	TV and radio	Audiovision	audiovisual	audiovisual	οπτικο-ακουστικός
5	auditeur, auditrice, *n.*	listener	Hörer	auditor	ouvinte	ακροατής
5	augmenter, *v. tr./intr.*	to increase	erhöhen	aumentar	aumentar	αυξάνω
7	avancer, *v. tr.*	to advance, progress	vorverlegen	avanzar	avançar	προχωρώ
6	avantage, *n. m.*	advantage	Vorteil	ventaja	vantagem	πλεονέκτημα
3	avenir, *n. m.*	future	Zukunft	porvenir	futuro	μέλλον

2	**aventurier, aventurière**, n.	adventurer	Abenteurer	aventurero	aventureiro	τυχοδιώκτης
7	**averse**, n. f.	downpour	Regenschauer	chaparrón, aguacero	aguaceiro	νεροποντή
1	**bac(calauréat)**, n. m.	'A' levels	Abi(tur)	bachillerato	exame do 12° ano	απολυτήριο Λυκείου
4	**baignade**, n. f.	bathing, swimming	Bad	baño	banho	μπάνιο
5	**baisse**, n. f.	decline	Sinken	baja	baixa	πτώση
5	**ballon**, n. m.	ball	Ball	balón	bola	μπάλα
4	**bande**, n. f.	band (here: trailer)	Band (Vorschau)	banda, trailer	publicidade	ομάδα
1	**banlieue**, n. f.	suburb	Vorort	afueras	subúrbio	περίχωρα, προάστεια
4	**bassin**, n. m.	ornamental lake, pool	Becken	estanque, lagnito	pequeno lago	λιμνούλα
6	**bateau**, n. m.	boat	Schiff	barco	barco	πλοίο, πλοιάριο
2	**battre**, v. tr.	to beat	schlagen	recorrer	percorrer	χτυπώ
9	**bénévole**, adj.	unpaid, voluntary	freiwillig	benévolo	benévolo (a)	εθελοντής
2	**bête**, n. f.	beast, animal	Tier	tonta	tolo (a)	κουτό, ζώο
5	**bêtise**, n. f.	stupidity	Dummheit	tontería	tolice	κουταμάρα
2	**boire**, v. tr.	to drink	trinken	beber	beber	πίνω
9	**bol**, n. m.	bow	kleine Schüssel	tazón, escudilla	tigela	μπολ
6	**bonheur**, n. m.	happiness	Glück	felicidad	felicidade	ευτυχία
4	**bonhomme**, n. m.	little chap, fellow	Mensch, Typ	hombrecito (petit)	homenzinho	ανθρωπάκι
1	**boucler**, v. tr.	to fasten up, to finish off	zuschnallen	concluir, terminar	encerrar	κλείνω
4	**boule**, n. f.	ball	Kugel	bola	bola	μικρή σφαίρα
1	**bracelet**, n. m.	bracelet	Armband	pulsera	pulseira	βραχιόλι
5	**brebis**, n. f.	ewe, sheep	Schaf	oveja, cordero	ovelha	προβατίνα
7	**bref/brève**, adj.	brief	kurz	breve	(em) resumo, breve	σύντομος-η
3	**brevet**, n. m.	diploma, certificate	Diplom in Frankreich	patente	diploma	δίπλωμα
4	**bricolage**, n. m.	do-it-yourself	Handwerken	bricolaje	bricolage	μαστόρεμα
1	**bruit**, n. m.	noise	Lärm	ruido	barulho	θόρυβος
2	**brûler**, v. tr.	to burn	brennen	quemar	queimar	καίω
1	**bruyant**, adj.	noisy	laut	ruidoso	barulhento	θορυβώδης
7	**but**, n. m.	goal	Ziel, Tor	objetivo	objectivo	στόχος
2	**cacophonie**, n. f.	cacophony	Kakophonie	cacofonía	cacofonia	κακοφωνία
5	**cadre**, n. m.	framework	Rahmen	ambiente	ambiente	πλαίσιο
7	**caissier, caissière**, n.	cashier	Kassierer	cajero	caixeiro (a)	ταμίας
2	**campagne**, n. f.	countryside	Land	campaña	campo	εξοχή
3	**candidature**, n. f.	application	Kandidatur	candidatura	candidatura	υποψηφιότητα
5	**capable**, adj.	capable	fähig	capaz	capaz	ικανός
6	**carbone**, n. m.	carbon	Kohlenstoff	carbono	carbono	διοξείδιο άνθρακος
6	**carrefour**, n. m.	crossroads	Kreuzung	cruce	cruzamento	διασταύρωση
5	**cas**, n. m.	case	Fall	caso	caso	περίπτωση
2	**case**, n. f.	space, compartment	Feld	casilla, compartimiento	cabana	καλύβα
5	**casser**, v. tr.	to break	zerbrechen	suprimir	romper	σπάω
4	**catastrophe**, n. f.	catastrophe	Katastrophe	catástrofe	catástrofe	καταστροφή
6	**causer**, v. tr.	to cause	verursachen	causar	causar	προξενώ
2	**cérébral**, adj.	cerebral, intellectual	geistig	cerebral	cerebral	εγκεφαλικός
4	**certain**, adj.	certain	einige	cierto	certo (a)	βέβαιος, κάποιος
4	**chaîne**, n. f.	chain	Programm	cadena	canal	αλυσίδα
5	**champion**, n. m.	champion	Gewinner	campeón	campeão	πρωταθλητής
2	**changement**, n. m.	change	Änderung	cambio	mudança	αλλαγή
1	**changer**, v. tr.	to change	ändern	cambiar	mudar	αλλάζω
5	**charger**, v. tr.	to charge, load	laden	cargar	carregar	φορτώνω
9	**château**, n. m.	castle, château	Schloss	castillo	castelo	πύργος
6	**chauffage**, n. m.	heating	Heizung	calefacción	aquecimento	θέρμανση
7	**chaufferie**, n. f.	boiler room	Heizungsraum	cuarto de calderas	local de aquecimento	καυστήρας
5	**chauffeur**, n. m.	driver, chauffeur	Fahrer	chófer	motorista	οδηγός
2	**cheval**, n. m.	horse	Pferd	caballo	cavalo	άλογο
2	**chèvre**, n. f.	goat	Ziege	cabra	cabra	κατσίκα, γίδα
6	**chimie**, n. f.	chemistry	Chemie	química	química	χημεία
2	**choisir**, v. tr.	to choose	wählen	elegir, escoger	escolher	επιλέγω, διαλέγω
8	**chômeur**, n. m.	job-seeker	Arbeitsloser	parado	desempregado	άνεργος
5	**choquer**, v. tr.	to shock	schockieren	chocar	chocar	ταράζω
5	**citation**, n. f.	quotation	Zitat	citación, cita	citação	αναφορά
7	**cité**, n. f.	housing estate	Stadtteil	conjunto de edificios de apartamentos	bairro	πολιτεία
8	**citoyen**, n. m.	citizen	Bürger	ciudadano	cidadão	πολίτης
3	**classement**, n. m.	putting in order	Reihenfolge	clasificación	classificação	ταξινόμηση
6	**classer**, v. tr.	to rank	ordnen	clasificar	classificar	ταξινομώ
2	**clown**, n. m.	clown	Clown	payaso	palhaço	κλόουν
2	**cochon**, n. m.	pig	Schwein	chancho, cerdo	porco	γουρούνι
2	**coléreux**, adj.	quick-tempered	reizbar	colérico	colérico	οξύθυμος
4	**collectivité**, n. f.	community, group, body	Gemeinschaft, Körperschaft	colectividad	colectividade	κοινότητα, σύνολο
7	**collège**, n. m.	college, middle school	Realschule	colegio	escola preparatória	γυμνάσιο
6	**colline**, n. f.	hill	Hügel	colina	colina	λόφος
7	**combler**, v. tr.	to satisfy	verwöhnen	satisfacer	satisfazer	γεμίζω
1	**comédien, comédienne**, n.	actor	Komödiant, Schauspieler	comediante, actor	actor	ηθοποιός
2	**comique**, adj.	comic	komisch	cómico	cómico	κωμικός
4	**commande**, n. f.	to order	bestellen	pedir	encomendar	παραγγελία, οδηγία
4	**commenter**, v. tr.	to comment	kommentieren	comentar	comentar	σχολιάζω
6	**commerce**, n. m.	trade	Geschäft	comercio	comércio	εμπόριο, εμπορικό
4	**commissariat**, n. m.	police station	Kommissariat	comisaría	comissariado	αστυνομικό τμήμα
7	**commission**, n. f.	commission	Provision, Nachricht	comisión	comissão	επιτροπή
4	**communauté**, n. m.	community	Gemeinschaft	comunidad	comunidade	κοινότητα

1	**commune**, *n. f.*	common	gemein	común	comum	κοινή
2	**communiquer**, *v. tr.*	to communicate	mitteilen	comunicar	comunicar	επικοινωνώ
4	**compensation**, *n. f.*	compensation	Entschädigung	compensación	compensação	αντιστάθμισμα
9	**complément**, *n. m.*	complement	Beilage	complemento	complemento	συμπλήρωμα
1	**complet**, *adj.*	complete	vollständig	completo	completo, lotado	πλήρες
8	**complexe**, *adj.*	complex, complicated	komplex	complejo	complexo	πολύπλοκο
5	**comportement**, *n. m.*	behaviour	Verhalten	comportamiento	comportamento	συμπεριφορά
4	**composer**, *v. tr.*	to compose, dial	wählen	componer	compor	συνθέτω
3	**comptabilité**, *n. f.*	bookkeeping	Buchhaltung	contabilidad	contabilidade	λογιστικά
2	**concerner**, *v. tr.*	to concern	betreffen	concernir	concernir	αφορώ
2	**conciliant**, *adj.*	conciliatory	versöhnlich	conciliador	conciliante	συγκαταβατικός
8	**concitoyen**, *n. m.*	fellow citizen	Mitbürger	conciudadano	concidadão	συμπολίτης
4	**conclure**, *v. tr.*	to conclude	schließen	concluir	concluir	συμπεραίνω
4	**concurrent**, *n. m.*	competitor	Konkurrent	competidor	concorrente	ανταγωνιστής
1	**condition**, *n. f.*	condition	Bedingung	condición	condição	όρος
2	**conduire**, *v. tr.*	to drive, lead	führen, fahren	conducir	levar	οδηγώ
8	**confiance**, *n. f.*	confidence, trust	Vertrauen	confianza	confiança	εμπιστοσύνη
9	**confier**, *v. tr.*	to confide	geben	confiar	confiar	εμπιστεύομαι
2	**confirmer**, *v. tr.*	to confirm	bestätigen	confirmar	confirmar	επιβεβαιώνω
4	**congé**, *n. m.*	holiday, leave	Urlaub	licencia	férias	άδεια
4	**consacrer**, *v. tr.*	to devote	widmen	consagrar	consagrar	αφιερώνω
3	**conscience**, *n. f.*	conscience	Gewissen	conciencia	consciência	συνείδηση
4	**conseil**, *n. m.*	council	Rat	consejo	câmara (municipal)	συμβούλιο
6	**conséquence**, *n. f.*	consequence	Folge	consecuencia	consequência	συνέπεια, επίπτωση
1	**conservatoire**, *n. m.*	conservatory	Musikschule	conservatorio	conservatório	ωδείο
6	**considérer**, *v. tr.*	to consider	erwägen	considerar	considerar	θεωρώ
4	**consigne**, *n. f.*	instruction	Verhaltensregel, Auftrag	consigna	instrução	οδηγία
6	**consommer**, *v. tr.*	to consume	verbrauchen	consumir	consumir	καταναλώνω
1	**constamment**, *adv.*	constantly	ständig	constantemente	constantemente	συνεχώς
8	**construction**, *n. f.*	construction	Bau	construcción	construção	κατασκευή
1	**contacter**, *v. tr.*	to contact	in Verbindung treten	ponerse en contacto	contactar	έρχομαι σε επαφή
7	**conte**, *n. m.*	tale, story	Erzählung	cuento	conto	παραμύθι
6	**contemporain**, *n. m./adj.*	contemporary	zeitgenössisch	contemporáneo	contemporâneo (a)	σύγχρονο
3	**contrat**, *n. m.*	contract	Vertrag	contrato	contrato	σύμβαση
3	**contrôleur**, *n. m.*	controller, inspector	Kontrolleur	controlador, interventor	inspector	ελεγκτής
5	**convaincre**, *v. tr.*	to convince	überzeugen	convencer	convencer	πείθω
4	**convention**, *n. f.*	convention, agreement	Tarifvertrag	convenio, convención	convenção	σύμβαση
7	**convivialité**, *n. f.*	conviviality	Benutzerfreundlichkeit	buena convivencia	convivência	φιλικότητα
3	**convoquer**, *v. tr.*	to call, invite, summon	einberufen	convocar	convocar	συγκαλώ
4	**correcteur**, *n. m.*	corrector, examiner	Korrektur	corrector	corrector	διορθωτής
7	**cortège**, *n. m.*	procession	Zug	comitiva	cortejo	πομπή
9	**costume**, *n. m.*	costume, suit	Kostüm	traje	fato	κοστούμι
7	**coucher (se)**, *v. pron.*	to lie down, go to bed	legen, sich	acostarse	deitar (-se)	ξαπλώνω
4	**couleur**, *n. f.*	colour	Farbe	color	cor	χρώμα
9	**coup**, *n. m.*	blow	Aushalten	golpe *(lit.)*, aguantar	golpe (aguantar o —)	προσπάθεια
1	**coupure**, *n. f.*	cut, cutting, note	Schnitt, Einblendung	corte, recorte	corte, recorte	απόκομμα
6	**courant**, *n. m.*	current	Strom	corriente	quotidiano (a)	τρέχων, συνήθης
5	**coureur**, *n. m.*	competitor, runner	Läufer	corredor	corredor	δρομέας
2	**courir**, *v. intr.*	to run	laufen	correr	correr	τρέχω
2	**courrier**, *n. m.*	mail	Post	correo, correspondencia	correspondência	ταχυδρομείο, γράμματα
8	**crèche**, *n. f.*	kindergarten, play school	Krippe	guardería	infantário	βρεφονηπιακός σταθμός
4	**créer**, *v. tr.*	to create	schaffen	crear	criar	δημιουργώ
9	**crier**, *v. intr./tr.*	to shout, cry	rufen	gritar	gritar	φωνάζω
2	**crime**, *n. m.*	crime	Vergehen	crimen	crime	έγκλημα
1	**critère**, *n. m.*	criterion	Kriterium	criterio	critério	κριτήριο
2	**critique**, *n. f.*	critic	Kritik	crítica	crítica	κριτική
2	**croyable**, *adj.*	believable	glaublich	creíble, verosímil	acreditável	πιστευτός
2	**culturel**, *adj.*	cultural	kulturell	cultural	cultural	μορφωτικό
1	**curieux**, *adj.*	curious, inquisitive	neugierig	curioso	curioso	περίεργος
5	**cycliste**, *n. m.*	cyclist	Radfahrer	ciclista	ciclista	ποδηλάτης
4	**dangereux**, *adj.*	dangerous	gefährlich	peligroso	perigoso	επικίνδυνος
4	**débouché**, *n. m.*	outlet, opening, prospect	Absatzmarkt	salida, mercado	saída	επαγγελματική προοπτική
9	**débrouiller (se)**, *v. pron.*	to get by, manage	aus der Klemme ziehen	arreglarse	desenrascar (-se)	καταφέρνω
4	**débuter**, *v. intr.*	to start	anfangen	comenzar	começar	αρχίζω
2	**décaler**, *v. tr.*	to move	verschieben	correrse	deslocar	πάω ένα πιό πέρα
2	**décharge**, *n. f.*	discharge, dump	Mülldeponie	descarga	lixo	σκουπιδότοπος, άφεση
1	**décider**, *v. tr.*	to decide	entscheiden	decidir	decidir	αποφασίζω
2	**décidément**, *adv.*	certainly, undoubtedly	wahrhaftig	decididamente, sin duda	decididamente	πράγματι
1	**décision**, *n. f.*	decision	Entscheidung	decisión	decisão	απόφαση
4	**déclarer**, *v. tr.*	to declare, state	erklären	declarar	declarar	δηλώνω
2	**décor**, *n. m.*	décor, setting	Dekor	decorado	cenário, paisagem, decoração	διάκοσμος, σκηνικό
1	**découpe**, *n. f.*	to cut out	Ausschneider	recortar	recortar	σκιαγραφώ, κόβω
2	**découvrir**, *v. tr.*	to discover	entdecken	descubrir	descobrir	ανακαλύπτω
2	**défendre**, *v. tr.*	to defend, forbid	verteidigen	defender	defender	υποστηρίζω
6	**défilé**, *n. m.*	parade, march	Umzug	desfile	desfile	παρέλαση
8	**définir**, *v. tr.*	to define	definieren	definir	definir	ορίζω
9	**définitivement**, *adv.*	definitively	endgültig	definitivamente	definitivamente	οριστικά
2	**dégoûter**, *v. tr.*	to disgust	verabscheuen	asquear, dar asco	desgostar, repugnar	σιχαίνομαι
7	**dégringoler**, *v. tr./intr.*	to collapse, fall down	stürzen	caer rodando, rodar	desabar	κατρακυλάω
7	**démarche**, *n. f.*	walk, step, process	Schritt	gestión, trámite, diligencia	processo	μέθοδος

7	dénoncer, v. tr.	to denounce	anzeigen	denunciar	denunciar	καταγγέλλω
8	dépannage, n. m.	repairing	Reparatur	reparación, arreglo	conserto	επιδιόρθωση
1	dépendre, v. tr. ind.	to depend	abhängen	depender	depender	εξαρτώμαι
5	dépenser, v. tr.	to spend	ausgeben	gastar	gastar	ξοδεύω
6	déplacer, v. tr.	to move	reisen, kommen	desplazar, transportar	deslocar	μετακινώ
8	déranger, v. tr.	to disturb	stören	molestar	incomodar	ενοχλώ
4	désagréable, adj.	unpleasant	unfreundlich	desagradable	desagradável	δυσάρεστο
8	désapprouver, v. tr.	to disapprove	missbilligen	desaprobar	desaprovar	επικρίνω
8	désespoir, n. m.	despair	Verzweifelung	desesperación	desespero	απελπισία
1	désigner, v. tr.	to designate	bestimmen	designar, nombrar	designar	επιδεικνύω
9	désir, n. m.	desire	Wunsch	deseo	desejo	επιθυμία
4	dessin, n. m.	drawing	Bild, Zeichnung	dibujo	desenho	σχέδιο
4	dessinateur, dessinatrice, n.	drawer, draughtsman, designer	Zeichner	dibujante	desenhista	σχεδιαστής
8	destinataire, n. m.	addressee	Empfänger	destinatario	destinatário	παραλήπτης
7	destiner, v. tr.	to destine	bestimmen	destinar	destinar	προορίζω
1	détail, n. m.	detail	Detail	detalle	detalhe	λεπτομέρεια
5	détecter, v. tr.	to detect	aufspüren	detectar	detectar	ανακαλύπτω, πιάνω
2	détective, n. m.	detective	Detektiv	detective	detective	ντέτεκτιβ
4	détendre, v. tr.	to relax	lockern	distraer	descontrair	χαλαρώνω
4	détente, n. f.	relaxation	Entspannung	descanso	descontracção	ανάπαυση
7	détruire, v. tr.	to destroy	zerstören	destruir	destruir	καταστρέφω
6	développement, n. m.	development	Entwicklung	desarrollo	desenvolvimento	ανάπτυξη
6	développer, v. tr.	to develop	entwickeln	desarrollar	desenvolver	αναπτύσσω
1	devenir, v. intr.	to become	werden	ponerse, volverse, hacerse	tornar-se	γίνομαι
7	difficulté, n. f.	difficulty	Schwierigkeit	dificultad	dificuldade	δυσκολία
4	diffuser, v. tr.	to broadcast	verbreiten	difundir	difundir	εκπέμπω
5	dingue, adj.	crazy	bekloppt	chalado, sin seso	louco	τρελλός
4	diriger, v. tr.	to manage	leiten	dirigir	dirigir	διευθύνω
4	disparaître, v. intr.	to disappear	verschwinden	desaparecer	desaparecer	εξαφανίζω
3	disponible, adj.	available	verfügbar	disponible	disponível	διαθέσιμος
3	disposition, n. f.	layout, organization	Anordnung	disposición	disposição	διάθεση
2	disputer (se), v. pron.	to argue	streiten	reñir, pelearse	brigar	τσακώνομαι
6	distance, n. f.	distance	Entfernung	distancia	distância	απόσταση
5	docteur, n. m.	doctor	Arzt	doctor	doutor	γιατρός
2	documentaire, adj.	documentary	dokumentarisch	documental	documentário	ντοκυμαντέρ
3	domaine, n. m.	area, domain	Gut, Gebiet	dominio	área	χώρος
6	domicile, n. m.	home	Wohnsitz	domicilio	domicílio	κατοικία
5	dopage, n. m.	drug-taking	Doping	dopaje, drogado	doping	λήψη αναβολικών
5	doper (se), v. tr.	to take drugs	dopen	drogar	dopar	δίνω αναβολικά
3	doute, n. m.	doubt	Zweifel	duda	duvida	αμφιβολία
6	dune, n. f.	dune	Düne	duna	duna	αμμόλοφος
3	durée, n. f.	length, duration	Dauer	duración	duração	διάρκεια
6	écart, n. m.	gap, difference	Abstand	diferencia, distancia	distância, desvio	άνοιγμα, απόσταση
2	échange, n. m.	exchange	Austausch	intercambio	intercâmbio, troca	ανταλλαγή
8	éclater, v. intr.	to burst	platzen	estallar	estourar	διασπώ
7	écologie, n. f.	ecology	Umweltschutz	ecología	ecologia	οικολογία
3	économique, adj.	economic	wirtschaftlich	económico	económico (a)	οικονομικός
6	économiser, v. tr.	to save	sparen	economizar, ahorrar	economizar	αποταμιεύω
6	écorce, n. f.	bark	Rinde	corteza	casca	φλοιός
1	écurie, n. f.	stable	Reitstall	caballeriza	cavalariça	στάυλος
4	édition, n. f.	edition, publication	Ausgabe	edición	edição	έκδοση
4	éditorial, n. m.	editorial	Leitartikel	editorial	editorial	χρονικό
5	effectivement, adv.	effectively	tatsächlich	efectivamente	efectivamente	πράγματι
5	effet, n. m.	effect	Folge	efecto	efeito	αποτέλεσμα
3	efficacement, adv.	efficiently	wirksam	eficazmente	com eficácia	αποτελεσματικά
3	embêter, v. tr.	to bother, pester	belästigen	fastidiar, molestar	incomodar	ενοχλώ
3	embrasser, v. tr.	to embrace, kiss	Umarmen	abrazar, besar	abraçar, beijar	φιλώ
9	empêcher, v. tr.	to prevent	verhindern	impedir	impedir	εμποδίζω
1	emplacement, n. m.	place, position	Stelle	lugar, sitio	lugar, local	θέση
1	employer, v. tr.	to employ	anstellen	emplear	empregar	μεταχειρίζομαι
8	emprunt, n. m.	borrowing, loan	Anleihe	préstamo	empréstimo	δάνειο
5	encourager, v. tr.	to encourage	Mut machen	alentar	encorajar	ενθαρρύνω
7	endroit, n. m.	place	Ort	lugar	sítio	μέρος
3	engagement, n. m.	commitment, engagement	Verpflichtung	compromiso	engajamento	δέσμευση
3	engager, v. tr.	to commit, engage	verpflichten, einstellen	empeñarse, comprometerse	engajar	προσλαμβάνω
6	enjeu, n. m.	stake	Einsatz	puesta, lo que está en juego	problema	πρόκληση
6	enneigement, n. m.	snow coverage	Schneeverhältnisse	estado y espesor de la nieve en un lugar	altura da neve num terreno	χιονόπτωση
6	ennui, n. m.	problem	Ärger, Sorge	aburrimiento	aborrecimento	μπελάς
2	ennuyeux, adj.	boring	langweilig	aburrido	enfadonho	βαρετός
4	enquête, n. f.	enquiry	Untersuchung	encuesta, investigación	investigação	έρευνα
2	enthousiasmé, adj.	enthusiastic	begeistert	entusiasmado	entusiasmado (a)	ενθουσιασμένος
7	enthousiaste, adj.	enthusiast	begeistert	entusiasta	entusiasta	ενθουσιώδης
5	entourage, n. m.	circle, set	Umgebung	relaciones, allegados	meio	κύκλος γνωστών
8	entouré, adj.	surrounded	umgeben	rodeado	cercado	περιτριγυρισμένος
8	entreprendre, v. tr.	to undertake	unternehmen	emprender	empreender	επιχειρώ
8	entretenir, v. tr.	to maintain	unterhalten	mantener	cuidar	συντηρώ
3	entretien, n. m.	meeting, discussion	Unterhaltung	entrevista	entrevista	συνέντευξη
3	environnement, n. m.	environment	Umgebung	medio ambiente	meio ambiente	περιβάλλον
6	envisager, v. tr.	to envisage, contemplate	beabsichtigen	considerar	considerar	αντιμετωπίζω

E

	French	English	German	Spanish	Portuguese	Greek
1	envoyer, *v. tr.*	to send	senden	enviar	enviar	αποστέλλω
1	escalator, *n. m.*	escalator	Rolltreppe	escalera mecánica	escadas rolantes	κυλιόμενη σκάλα
2	espèce, *n. f.*	type, species	Amt	especie	espécie	είδος
1	esprit, *n. m.*	spirit	Geist	idea o voluntad	espírito	πνεύμα
2	étape, *n. f.*	stage	Etappe	etapa	etapa	φάση
5	état, *n. m.*	state	Staat	estado	estado	κατάσταση
2	étrange, *adj.*	strange	komisch	extraño	estranho (a)	παράξενο
2	événement, *n. m.*	event	Ereignis	acontecimiento	acontecimento	γεγονός
1	évidemment, *adv.*	clearly, evidently	natürlich	evidentemente	evidentemente	εννοείται
3	évident, *adj.*	evident	offensichtlich	evidente	evidente	προφανής
6	éviter, *v. tr.*	to avoid	vermeiden	evitar	evitar	αποφεύγω
3	exactement, *adv.*	exactly	genau	exactamente	exactamente	ακριβώς
2	exagérer, *v. tr.*	to exaggerate	übertreiben	exagerar	exagerar	υπερβάλλω
7	excursion, *n. f.*	excursion, trip	Ausflug	excursión	excursão	εκδρομή
4	exercer, *v. tr.*	to exercise	ausüben	ejercer	exercer	ασκώ
7	exiger, *v. tr.*	to demand	fordern	exigir	exigir	απαιτώ
1	expérience, *n. f.*	experience	Erfahrung	experiencia	experiência	εμπειρία
6	expert, *n. m.*	expert	Experte	perito	perito	εμπειρογνώμων
4	exploitant, *n. m.*	operator	Unternehmer	explotador, exhibidor	proprietário ou director	επιχειρηματίας
8	exploitation, *n. f.*	exploitation	Ausnutzung	explotación	exploração	εκμετάλλευση
8	exploiter, *v. tr.*	to exploit, run	nutzen	explotar	explorar	καλλιεργώ
8	exposé, *n. m.*	presentation, speech	Vortrag	exposición, informe	exposição	ομιλία, παρουσίαση
3	exposition, *n. f.*	exhibition	Ausstellung	exposición	exposição	έκθεση
4	extérieur, *n. m./adj.*	exterior	ausserhalb	exterior	exterior	εξωτερικό, εξωτερικός
2	extraordinaire, *adj.*	extraordinary	außergewöhnlich	extraordinario	extraordinário	εξαιρετικός
5	extrêmement, *adv.*	extremely	sehr	extremadamente	extremamente	πάρα πολύ
3	fabrication, *n. f.*	manufacture	Herstellung	fabricación	fabricação	κατασκευή
8	fâcher (se), *v. pron.*	to get angry	böse werden	enfadarse	zangar (-se)	θυμώνω
8	facture, *n. f.*	invoice, bill	Rechnung	factura	factura	λογαριασμός
7	faible, *adj.*	weak	schwach	débil	fraco	αδύνατος
9	fac(ulté), *n. f.*	university	Uni(versität)	facultad	faculdade	πανεπιστημιακή σχολή
2	fanfare, *n. f.*	brass band, fanfare	Fanfare	banda, marcha militar	fanfarra	ορχήστρα κρουστών
2	fantaisiste, *adj.*	fanciful, whimsical	phantasievoll	caprichoso, poco realista	fantasista	καρατερίστας
5	fauve, *adj./n. m.*	wild/wild animal	lederbraun	leonado, fiera, color leonado	fera	άγριο ζώο,
8	faux/fausse, *adj.*	false	falsch	falso (a), desentonar	desafinado (a) (nota)	λανθασμένος-η
8	favori, *adj.*	favourite	Lieblings-	favorito	favorito	αγαπημένος
6	féculent, *n. m.*	starchy food	Stärke	fruto feculento	hidrato de carbono	όσπριο
4	férié, *adj.*	holiday	Feier-	feriado	feriado	αργία
3	ferme, *n. f.*	farm	Bauernhof	granja	quinta	αγρόκτημα
8	fermement, *adv.*	firmly	fest	firmemente	com firmeza	αναντίρρητα
7	fermier, fermière, *n.*	farmer	Bauer	arrendatario, granjero	agricultor	αγρότης
2	fiction, *n. f.*	fiction	Erdichtung	ficción	ficção	μυθιστόρημα
1	fidèle, *adj.*	loyal	treu	fiel	fiel	πιστή
3	fier, *adj.*	proud	stark	orgulloso	orgulhoso	περήφανος
4	filmer, *v. tr.*	to film	filmen	rodar	filmar	γυρίζω ταινία
1	financier, *adj.*	financial	Finanz-	financiero	financeiro	οικονομικός
9	fixer, *v. tr.*	to fix, set	festlegen	fijar	fixar	ορίζω
7	flèche, *n. f.*	arrow	Pfeil	flecha	flecha	τόξο
1	fonction, *n. f.*	function	Funktion	función	função	λειτουργία
1	fontaine, *n. f.*	fountain, spring	Brunnen	fuente	fonte	πηγή
5	force, *n. f.*	strength	Stärke	fuerza	força	δύναμη
5	forcément, *adv.*	necessarily, obviously	notgedrungen	forzosamente	forçosamente	αναγκαστικά
8	forfait, *n. m.*	fixed price, contract	Pauschale	costo fijo	ajuste prévio	συνδρομή
3	formation, *n. f.*	training	Ausbildung	formación	formação	επιμόρφωση
4	former, *v. tr.*	to train, form	ausbilden	formar	formar	εκπαιδεύω
2	fou/folle, *adj.*	mad	verrückt	loco (a)	louco (a)	τρελλός-ή
6	fragile, *adj.*	delicate	zerbrechlich	frágil	frágil	εύθραστο
7	fraîcheur, *n. f.*	coolness	Frische	frescura	frescor	δροσιά
2	franchement, *adv.*	frankly	frei, offen	francamente	realmente	ειλικρινά
8	fréquenter, *v. tr.*	to frequent	besuchen	frecuentar	frequentar	συχνάζω
1	gadget, *n. m.*	gadget	Gadget	gadget, enredo	coisita	μαραφέτι
4	gagner, *v. tr./intr.*	to win, earn	gewinnen, verdienen	ganar	ganhar	κερδίζω
2	gamin, *n. m.*	kid, child	kleines Kind	chiquillo, muchacho	miúdo	αγόρι
6	garder, *v. tr.*	to keep	behalten, hüten	guardar	guardar, tomar conta de	διατηρώ
5	gaspillage, *n. m.*	wasting	Vergeudung	despilfarro	desperdício	σπατάλη
4	gênant, *adj.*	embarrassing	störend	molesto	perturbador (a)	ενοχλητικός
3	genre, *n. m.*	type, kind	Art	género	género	είδος
2	gentil(le), *adj.*	nice, kind	nett	amable	gentil	ευγενικός
4	gérer, *v. tr.*	to manage	führen, leiten	administrar	gerir	διαχειριζομαι
3	gestion, *n. f.*	management	Verwaltung	gestión	gestão	διαχείρηση
6	glace, *n. f.*	ice	Eis	hielo	gelo	πάγος
8	glisse, *n. f.*	sliding	Gleiten	deslizamiento	patinagem	γλύστρα
4	grâce (à), *loc.*	thanks to	dank	gracias a	graças (a)	χάρις
6	gratter, *v. tr.*	to scratch, scrape	kratzen	rascar	coçar, raspar	ξύνω
4	gratuit, *adj.*	gratuitous	grundlos	gratuito	gratuito (a)	δωρεάν
1	grave, *adj.*	serious	schlimm	grave	grave	σοβαρό
4	grille, *n. f.*	grid, schedule	Skala, Raster	programa	programa	περίγραμμα
6	grillé, *adj.*	grilled	gegrillt	asado	assado	σχάρας
1	groupe, *n. m.*	group	Gruppe	grupo	grupo	ομάδα
3	guider, *v. tr.*	to guide	führen	guiar	guiar	οδηγώ

F

G

2	**générosité**, n. f.	generosity	Großzügigkeit	generosidad	generosidade	γεναιοδωρία
6	**habituel**, adj.	habitual, usual	gewöhnlich	acostumbrado	habitual	συνηθισμένος
3	**habituer (s')**, v. pron.	to get used to	gewöhnen, sich	acostumbrarse	habituar (-se)	συνηθίζω
1	**harmoniser**, v. tr.	to harmonize	harmonieren	armonizar	harmonizar	εναρμονίζω
4	**hebdomadaire**, adj./n. m.	weekly, weekly newspaper	wöchentlich	semanario	semanal	εβδομαδιαίος
2	**hébergement**, n. m.	accommodation	Übernachtung	alojamiento	alojamento	διαμονή
4	**heureux**, adj.	happy	glücklich	feliz	feliz	ευτυχής
1	**historique**, adj.	historical	historisch	histórico	histórico (a)	ιστορικός
5	**honnêteté**, n. f.	honesty	Ehrlichkeit	honestidad	honestidade	τιμιότητα
7	**hospitalisé**, adj.	sent to hospital	stationär behandeln	internado, hospitalizado	hospitalizado (a)	νοσηλευμένος
2	**humain**, adj.	human	menschlich	humano	humano	ανθρώπινος
7	**humanitaire**, adj.	humanitarian	karitativ	humanitario	humanitário (a)	ανθρωπιστικός
4	**humeur**, n. f.	mood	Humor	humor	humor	διάθεση
6	**humide**, adj.	humid, wet	feucht	húmedo	húmido	υγρός
6	**humoristique**, adj.	humorous	humoristisch	humorístico	humorístico	χιουμοριστικός
6	**idéal**, adj./n. m.	ideal	Ideal	ideal	ideal	ιδανικός
4	**immédiatement**, adv.	immediately	sofort	inmediatamente	imediatamente	αμέσως
7	**immeuble**, n. m.	building	Gebäude	inmueble, edificio	edifício	κτίριο
8	**immobilier**, adj./n. m.	real estate	Immobilien	inmobiliario	imobiliário	τομέας οικοδομής
5	**impression**, n. f.	impression	Eindruck	impresión	impressão	εντύπωση
3	**imprimerie**, n. f.	printing, printing works	Druckerei	imprenta	imprensa	τυπογραφείο
5	**imprudent**, adj.	reckless	unvorsichtig	imprudente	imprudente	απερίσκεπτος
5	**impôt**, n. m.	tax	Steuer	impuesto	imposto	φόρος
2	**incroyable**, adj.	unbelievable	unglaublich	increíble	incrível	απίστευτο
4	**indépendant**, adj.	independent	unabhängig	independiente	independente	ανεξάρτητος
3	**indifférent**, adj.	indifferent	gleichgültig	indiferente	indiferente	αδιάφορος
1	**indiscret**, adj.	indiscreet, inquisitive	indiskret	indiscreto	indiscreto	αδιάκριτος
4	**indispensable**, adj.	essential	unentbehrlich	indispensable	indispensável	απαραίτητος
6	**industrialisation**, n. f.	industrialization	Industrialisierung	industrialización	industrialização	βιομηχανοποίηση
3	**influencer**, v. tr.	to influence	beeinflussen	influenciar	influenciar	επηρεάζω
3	**info(rmation)**, n. f.	information, news	Info	información	informação	πληροφορία, είδηση
3	**informer**, v. tr.	to inform	informieren	informar	informar	ενημερώνω
4	**infraction**, n. f.	offence, violation	Übertretung	infracción	infracção	διάρρηξη
6	**ingrédient**, n. m.	ingredient	Zutat	ingrediente	ingrediente	συστατικό
7	**initiation**, n. f.	initiation	Einführung	iniciación	iniciação	μύηση
6	**initiative**, n. f.	initiative	Initiative	iniciativa	iniciativa	πρωτοβουλία
7	**innover**, v. int.	to innovate	erneuern	innovar	inovar	καινοτομώ
6	**inondation**, n. f.	flooding	Überschwemmung	inundación	inundação	πλημμύρα
6	**inquiéter**, v. tr.	to worry	beunruhigen	inquietar	inquietar	ανησυχώ
5	**inscrire**, v. tr.	to register, enrol	einschreiben	inscribir	inscrever	εγγράφω
4	**insolite**, adj.	out of the ordinary	seltsam	insólito	insólito	ασυνήθιστος
9	**inspiration**, n. f.	inspiration	Anregung	inspiración	inspiração	έμπνευση
4	**installation**, n. f.	installation	Einrichtung	instalación	instalação	εγκατάσταση
2	**instituteur/institutrice**, n.	primary school teacher	Lehrer(in) in Grundschule	maestro (a)	professor (a) de escola primária	δάσκαλος-α
1	**insupportable**, adj.	intolerable	unerträglich	insoportable	insuportável	ανυπόφορος
8	**intention**, n. f.	intention	Absicht	intención	intenção	πρόθεση
1	**intéresser (s'– à)**, v. pron.	to be interested in	interessieren für	interesarse en	interessar(-se por)	ενδιαφέρομαι
1	**intérêt**, n. m.	interest	Interesse	interés	interesse	ενδιαφέρον
1	**intérieur**, adj./n. m.	interior	Innere, inner	interior	interior	εσωτερικός, εσωτερικό
5	**interrogatoire**, n. m.	interrogation	Verhör	interrogatorio	interrogatório	ανάκριση
9	**interrompre**, v. tr.	to interrupt	unterbrechen	interrumpir	interromper	διακόπτω
4	**intertitre**, n. m.	subheading	Zwischentitel	encabezamiento	intertítulo	τίτλος
7	**intervention**, n. f.	intervention	Eingriff	intervención	intervenção	επέμβαση
4	**interview**, n. f.	interview	Interview	entrevista	entrevista	συνέντευξη
9	**inventif, inventive**, adj.	inventive	erfinderisch	inventivo	inventivo	εφευρετικός
5	**irresponsable**, adj.	irresponsible	unverantwortlich	irresponsable	irresponsável	ανεύθυνος
4	**isolé**, adj.	isolated	isoliert	aislado	isolado	απομονωμένος
2	**jeu**, n. m.	game	Spiel	juego	jogo	παιχνίδι
9	**jeunesse**, n. f.	youth	Jugend	juventud	juventude	νεότητα
3	**job**, n. m.	job	Job	trabajo	emprego	επαγγελματική ασχολία
2	**joie**, n. f.	joy	Freude	alegría	alegria	χαρά
5	**joindre**, v. tr.	to join, reach, contact	erreichen	localizar, encontrarse	juntar, encontrar	επισυνάπτω
5	**joueur, joueuse**, n.	player	Spieler	jugador	jogador	παίκτης
4	**judiciaire**, adj.	judicial	rechtlich	judicial	judiciário	δικαστικός
4	**juger**, v. tr.	to judge	richten	juzgar	julgar	δικάζω
3	**justement**, adv.	exactly	gerade	justamente	justamente	σωστά
4	**justesse (de)**, loc.	barely	geradenoch	exactitud	exactidão	παρά λίγο
2	**laisser**, v. tr.	to leave	lassen	dejar	deixar	αφήνω
4	**lancement**, n. m.	launch	Start	lanzamiento	lançamento	λανσάρισμα
7	**légal**, adj.	legal	gesetzlich	legal	legal	νόμιμος
4	**lent**, adj.	slow	langsam	lento	lento (a)	αργός
6	**lentille**, n. f.	lentil	Linse	lenteja	lentilha	φακή
6	**liberté**, n. f.	liberty, freedom	Freiheit	libertad	liberdade	ελευθερία
8	**librairie**, n. f.	bookshop	Buchhandlung	librería	livraria	βιβλιοπωλείο
7	**limiter**, v. tr.	to limit	begrenzen	limitar	limitar	περιορίζω
8	**livraison**, n. f.	delivery	Lieferung	entrega	entrega	παραλαβή, εκφόρτωση
2	**livrer**, v. tr.	to deliver	liefern	entregar	entregar	παραδίδω
7	**local**, adj./n. m.	local, premises	örtlich, Lokal	local	sítio	τοπικός, χώρος

4	localier, *n. m.*	local affairs correspondent	Person vor Ort	periodista especializado en las informaciones locales	localista	τοπικός δημοσιογράφος
8	locataire, *n.*	tenant	Mieter	inquilino	inquilino	ένοικος
6	logement, *n. m.*	accommodation	Wohnung	vivienda	alojamento	κατοικία
4	logiciel, *n. m.*	software	Software	software, programa	software	λογισμικό
7	loi, *n. f.*	law	Gesetz	ley	lei	νόμος
6	lointain, *adj./n. m.*	distant, distance	weit	lejano	longínquo	μακρυνός
4	loto, *n. m.*	lottery	Lotto	bingo, quinielas, lotería	lotaria	λότο
8	loyer, *n. m.*	rent	Miete	alquiler	aluguer	ενοίκιο
7	ludique, *adj.*	light-hearted, amusing	spielerisch	lúdico	lúdico (a)	σχετικός με παιχνίδι
6	lutter, *v. intr.*	to fight, struggle	kämpfen	luchar	lutar	παλεύω
7	luxe, *n. m.*	luxury	Luxus	lujo	luxo	πολυτέλεια
1	lycée, *n. m.*	secondary school	Gymnasium	liceo	escola secundária	Λύκειο
4	magazine, *n. m.*	magazine	Zeitschrift	revista	revista	περιοδικό
1	maire, *n. m.*	mayor	Bürgermeister	alcalde	presidente da câmara	δήμαρχος
1	mairie, *n. f.*	town hall	Stadtverwaltung	ayuntamiento	presidência da câmara	δημαρχείο
9	majorité, *n. f.*	majority	Mehrheit	mayoría	maioria	πλειοψηφία
6	maladie, *n. f.*	disease	Krankheit	enfermedad	doença	ασθένεια
1	malheureusement, *adv.*	unfortunately	leider	desgraciadamente	infelizmente	δυστυχώς
6	manif(estation), *n. f.*	demonstration	Demo	manifestación	passeata	διαδήλωση
4	manière, *n. f.*	manner, way	Art	manera	maneira	τρόπος
2	manquer, *v. intr.*	to lack	fehlen	faltar	faltar	λείπω
1	manège, *n. m.*	merry-go-round	Karussel	tiovivo	carrossel	ρόδα, γύρος
4	marginal, *n.*	dropout, dissident	Randgruppe	marginal	marginal	περιθωριακός
5	match, *n. m.*	match	Spiel	partido	jogo	αγώνας
3	matériel, *n. m.*	equipment	Material	material	material	υλικό
3	maîtrise, *n. f.*	mastery	Beherrschen	dominio	domínio	εξαίρετη γνώση
8	méconnaître, *v. tr.*	to be unaware of, underrate	verkennen	desconocer	desconhecer	παραγνωρίζω
2	média, *n. m.*	media	Medien	medios de comunicación	media	μέσο μαζικής ενημέρωσης
8	médiathèque, *n. f.*	multi-media reference library	Mediathek	mediateca	mediateca	βιβλιοθήκη πολυμέσων
6	médical, *adj.*	medical	medizinisch	médico	médico	ιατρικός
5	médicament, *n. m.*	medicine	Medikament	medicamento, remedio	remédio	φάρμακο
5	méfiant, *adj.*	distrustful, suspicious	misstrauisch	desconfiado	desconfiado	δύσπιστος
9	mélanger, *v. tr.*	to mix	mischen	mezclar	misturar	ανακατώνω
7	mélodie, *n. f.*	melody	Melodie	melodía	melodia	μελωδία
6	membre, *n. m.*	member	Mitglied	miembro	membro	μέλος
2	menacer, *v. tr.*	to threaten	drohen	amenazar	ameaçar	απειλώ
8	mendiant, *n. m.*	beggar	Bettler	mendigo	mendigo	ζητιάνος
7	menuisier, *n. m.*	joiner, carpenter	Tischler	carpintero	carpinteiro	μαραγκός
5	mesure, *n. f.*	measure, action	Massnahme	medida	medida	μέτρο
2	miracle, *n. m.*	miracle	Wunder	milagro	milagre	θαύμα
2	miroir, *n. m.*	mirror	Spiegel	espejo	espelho	καθρέφτης
3	mission, *n. f.*	mission	Auftrag	misión	missão	αποστολή
8	mobilier, *n. m.*	furniture	Möbel	mobiliario	mobiliário	επίπλωση
5	mobiliser, *v. tr.*	to mobilize, rally	mobil machen	mobilizar	mobilizar	κινητοποιώ
6	mobylette, *n. f.*	moped	Mofa	ciclomotor	motocicleta	παπάκι
3	modestie, *n. f.*	modesty	Bescheidenheit	modestia	modéstia	ταπεινοφροσύνη
5	montagnard, *n. m.*	mountain dweller	Bergbewohner	montañés	montanhês	βουνήσιος
3	moquer (se), *v. pron.*	to tease	lustig machen über	burlarse	zombar	κοροϊδεύω
2	morceau, *n. m.*	piece	Stück	trozo, pedazo	pedaço	κομμάτι
3	motivation, *n. f.*	motivation	Motivation	motivación	apresentação, candidatura	κίνητρο
2	mouvement, *n. m.*	movement	Bewegung	movimiento	movimento	κίνηση
4	multimédia, *n. m.*	multi-media	Multimedia	multimedia	multimédia	πολυμέσα
6	multiplier, *v. tr./intr.*	to multiply	malnehmen	multiplicar	multiplicar	πολλαπλασιάζω
1	municipalité, *n. f.*	town	Gemeinde, Stadt	municipio	municipalidade	δήμος
9	mûrir, *v. intr.*	to mature	reifen	madurar	amadurecer	ωριμάζω
1	musical, *adj.*	musical	musikalisch	musical	musical	μουσικός
5	mystère, *n. m.*	mystery	Geheimnis	misterio	mistério	μυστήριο
6	nain, *n. m.*	dwarf	Zwerg	enano	anão	νάνος
7	naître, *v. intr.*	to be born	geboren werden	nacer	criar	γεννιέμαι
2	nature, *n. f.*	nature	Natur	naturaleza	natureza	φύση
5	naturellement, *adv.*	naturally	natürlich	naturalmente	naturalmente	φυσικά
7	négociation, *n. f.*	negotiation	Verhandlung	negociación	negociação	διαπραγμάτευση
2	nerveux, *adj.*	irritable	nervös	nervioso	nervoso (a)	νευρικός
3	nier, *v. tr.*	to deny	verneinen, leugnen	negar	negar	αρνούμαι
3	niveau, *n. m.*	level	Niveau	nivel	nível	επίπεδο
2	nomade, *adj./n. m.*	nomad	Nomade	nómada	nómada	νομάδας
4	nommer, *v. tr.*	to appoint	(er)nennen	nombrar	nomear	ονομάζω
5	nourriture, *n. f.*	food	Nahrung	alimento	comida	τροφή
8	noyer (se), *v. pron.*	to drown	ertrinken	ahogarse	afogar (-se)	πνίγομαι
2	obéissant, *adj.*	obedient	gehorsam	obediente	obediente	υπάκουος
7	objectif, *n. m.*	goal	Ziel	objetivo	objectivo	στόχος
4	obliger, *v. tr.*	to oblige	verpflichten	obligar	obrigar	υποχρεώνω
2	observer, *v. tr.*	to observe	beobachten	observar	observar	παρατηρώ
3	obtenir, *v. tr.*	to obtain	erhalten	obtener	obter	αποκτώ
8	office, *n. m.*	office	Büro	oficina, cargo	posto	γραφείο
4	opposer, *v. tr.*	to oppose (*here*: opposite)	entgegensetzen	oponer	opor	αντιτάσσω
5	ordre, *n. m.*	order	Reihenfolge	orden	ordem	σειρά
6	ordure, *n. f.*	rubbish	Abfall	basura	lixo	σκουπίδι
3	orienter, *v. tr.*	to direct, guide	orientieren	orientar	orientar	κατευθύνω, προσανατολίζω

3	**originaire**, adj.	originating from	stammend aus	originario, nativo	oriundo (a)	κατάγεται από
1	**original**, adj.	original	originell	original	original	πρωτότυπο
9	**oser**, v. intr.	to dare	wagen	atreverse	ousar	τολμώ
7	**ouverture**, n. f.	opening	Öffnung	apertura	abertura	άνοιγμα
3	**ouvrage**, n. m.	work	Werk	obra, trabajo, labor	obra	έργο
7	**ouvrier**, n. m.	worker	Arbeiter	obrero	operário	εργάτης
9	**pair**, adj.	even	gerade	par	par	ζυγός
9	**pancarte**, n. f.	sign, notice	Schild	pancarta	letreiro	πινακίδα, πλακάτ
4	**paraître**, v. intr.	to appear, come out	erscheinen	aparecer	aparecer, parecer	φαίνομαι
3	**parfaitement**, adv.	perfectly	perfekt	perfectamente	perfeitamente	τέλεια
2	**parole**, n. f.	speech	Sprache, Wort	palabra	palavra	λόγος
6	**part**, n. f.	part	Teil	parte	parte	μερίδιο
3	**partenaire**, n. m.	partner	Partner	asociado	parceiro	συνεργάτης
1	**participer**, v. tr. ind.	to take part	teilnehmen	participar	participar	συμμετέχω
6	**particulier**, adj.	private (individual)	besonders, Privat-	particular	particular	ιδιαίτερος
2	**passion**, n. f.	passion	Leidenschaft	pasión	paixão	πάθος
7	**patrimoine**, n. m.	heritage	Erbe	patrimonio	património	κληρονομιά
4	**patron(ne)**, n. m./f.	boss	Chef(in)	dueño (a), amo (a)	dono (a)	αφεντικό-κίνα
7	**pauvreté**, n. f.	poverty	Armut	pobreza	pobreza	φτώχεια
4	**pêche**, n. f.	fishing	Fischerei	pesca	pesca	ψάρεμα
6	**pédagogique**, adj.	educational	pädagogisch	pedagógico	pedagógico (a)	παιδαγωγικός
9	**peine**, n. f.	difficulty (here : scarcely)	Strafe	apenas	apenas	ποινή
2	**pèlerin**, n. m	pilgrim	Pilger	peregrino	peregrino	προσκυνητής
8	**pénible**, adj.	difficult	mühsam	penoso	duro	δυσάρεστο
6	**perceptible**, adj.	perceptible	wahrnehmbar	perceptible	perceptível	διακριτό
5	**performance**, n. f.	performance	Leistung	resultado, marco	desempenho	επίδοση
4	**périodique**, n. m.	periodical	Zeitschrift	periódico	periódico	περιοδικό
4	**permanence**, n. f.	duty office	Bereitschaftsdienst	permanencia	permanência	ανοιχτό γραφείο
4	**perso(nnel)**, adj.	personal	persönlich	personal	pessoal	προσωπικός
4	**pétanque**, n. f.	bowls	Boulespiel	petanca	espécie de jogo	παιχνίδι με βόλους
7	**pétition**, n. f.	petition	Unterschriftenaktion	petición	petição	αίτημα
2	**peur**, n. f.	fear	Angst	miedo	medo	φόβος
2	**placard**, n. m.	cupboard	Schrank	armario empotrado	armário	ντουλάπι
1	**plastique**, n. m.	plastic	Plastik	materia plástica	plástico	πλαστικό
4	**plateau**, n. m.	tray, plateau, set	Tablett, Studio	bandeja, plato, escenario	estúdio, bandeja, prato	σκηνή, πλάτωμα
7	**poétique**, adj.	poetic	poetisch	poético	poético (a)	ποιητικός
6	**poids**, n. m.	weight	Gewicht	peso	peso	βάρος
6	**poivron**, n. m.	(green red) pepper	Paprika	pimiento morrón	pimento	πιπεριά
2	**polar**, n. m.	detective novel	Krimi	novela policíaca	policial (romance)	αστυνομικό μυθιστόρημα
2	**poli**, adj.	polite	höflich	amable, cortés	educado	ευγενικός
2	**policier**, adj.	police	Polizei-	policíaco	policial	αστυνομικός
6	**pollution**, n. f.	pollution	Verschmutzung	contaminación	poluição	ρύπανση
3	**polyvalent**, adj.	polyvalent, versatile	Mehrzweck-	polivalente	polivalente	πολυδιάστατος
4	**ponctuer**, v. tr.	to punctuate	begleiten	puntuar, subrayar	pontuar	τονίζω
4	**population**, n. f.	population	Bevölkerung	población	população	πληθυσμός
4	**position**, n. f.	position	Position	posición	partido	θέση
4	**possibilité**, n. f.	possibility	Möglichkeit	posibilidad	possibilidade	δυνατότητα
6	**pousser**, v. tr.	to push	stossen	empujar	brotar	σπρόχνω
9	**pouvoir**, n. m.	power	Macht	poder	poder	εξουσία
5	**pratiquer**, v. tr.	to practise	ausüben	practicar	praticar	ασκώ, εξασκώ
4	**précéder**, v. tr.	to precede	vorausgehen	preceder	proceder	προηγούμαι
1	**précis**, adj.	precise	genau	preciso	preciso	ακριβές
3	**prépa(ration)**, n. f.	preparation	Vorbereitung	preparación	preparação	προπαρασκευαστική
1	**présence**, n. f.	presence	Anwesenheit	presencia	presença	παρουσία
1	**prêt**, adj.	ready	fertig, bereit	préstamo	pronto	έτοιμος
1	**prévenir**, v. tr.	to warn	warnen	prevenir	prevenir	προειδοποιώ
4	**prévision**, n. f.	forecast	Vorhersage, Prognose	previsión	previsão	πρόβλεψη
3	**prime**, n. f.	bonus	Prämie	prima	gratificação	πριμ, βράβευση
3	**principe**, n. m.	principle	Prinzip	principio	princípio	αρχή
4	**prise (de vue, de son)**, n. f.	filming, sound recording	Aufnahme	toma (de vista, de sonido)	tomada	λήψη
5	**prisonnier**, n. m.	prisoner	Gefangener	preso	prisioneiro	φυλακισμένος
4	**privé**, adj.	private	privat	privado	privado	ιδιωτικός
5	**privilège**, n. m.	privilege	Privileg	privilegio	privilégio	προνόμιο
1	**privilégier**, v. tr.	to favour	bevorzugen	privilegiar	privilegiar	προτιμώ
4	**proche**, adj.	close	nahe	cercano	próximo (a)	κοντινός
4	**producteur**, n. m.	producer	Produzent	productor	produtor	παραγωγός
1	**profil**, n. m.	profile	Profil	perfil	perfil	χαρακτηριστικά
9	**profit**, n. m.	profit	Profit	ganancia, beneficio	proveito	κέρδος
8	**profitable**, adj.	profitable	nützlich	provechoso	proveitoso	επωφελής
2	**profondément**, adv.	deeply	tief	profundamente	profundamente	βαθειά
4	**progrès**, n. m.	progress	Fortschritt	progreso	progresso	πρόοδος
2	**promettre**, v. tr.	to promise	versprechen	prometer	prometer	υπόσχομαι
7	**promoteur**, n. m.	property developer	Unternehmer	promotor	imobiliária	κατασκευαστής
1	**propre**, adj.	own	eigen	propio	próprio (a)	δικός
7	**prospectus**, n. m.	prospectus, brochure	Prospekt	prospecto	prospecto	φυλλάδιο
6	**protéger**, v. tr.	to protect	schützen	proteger	proteger	προστατεύω
8	**protestation**, n. f.	protest	Protest	protesta	protesto	διαμαρτυρία
4	**provoquer**, v. tr.	to provoke	hervorrufen	provocar	provocar	προκαλώ
2	**proximité**, n. f.	proximity	Nähe	proximidad	proximidade	γειτνίαση
4	**prudent**, adj.	cautious	vorsichtig	prudente	prudente	συνετός, προσεκτικός

		English	German	Spanish	Portuguese	Greek
2	public/publique, adj.	public	öffentlich	público (a)	público (a)	κοινό, δημόσιος
4	publication, n. f.	publication	Veröffentlichung	publicación	publicação	δημοσίευση
4	publicitaire, adj./n.m.	advertising	Werbe-	publicitario	publicitário	διαφημηστής
3	purement, adv.	purely	rein, nur	puramente	puramente	καθαρά
2	quotidien, n. m.	daily newspaper	Tageszeitung	diario, periódico	diário	εφημερίδα
4	raccourcir, v. tr.	to shorten	kürzen	acortar, abreviar	encurtar	συντομεύω
7	racisme, n. m.	racism	Rassismus	racismo	racismo	ρατσισμός
7	radeau, n. m.	raft	Floß	balsa	jangada	σχεδία
2	raisonneur, adj.	argumentative	vernünftig	razonador, respondón	pessoa que discute	θεωρητικός
9	rajouter, v. tr.	to add	hinzufügen	añadir	acrescentar	προσθέτω
2	râleur, adj.	complaining	nörglerisch	gruñón	resmungão	γκρινιάρης
3	rangement, n. m.	putting away, tidying up	aufräumen, Schrank	ordenamiento	arrumação	τακτοποίηση
3	rappeler, v. tr.	to call back, recall	anrufen	recordar	chamar (de volta), telefonar	υπενθυμίζω
4	rapporter, v. tr.	to bring back	mitbringen	volver a traer, relatar	relatar	αναφέρω
1	rarement, adv.	rarely	selten	raramente	raramente	σπάνια
9	ras le bol (en avoir), loc. fam.	to be fed up	Nase voll (haben)	harto (estar)	farto (estar — de)	είμαι ως εδώ, φθάνει
1	rassurer, v. tr.	to reassure	beruhigen	tranquilizar	tranquilizar	εφησυχάζω
9	rater, v. tr.	to fail	verpassen	suspender	reprovar (ser reprovado em)	αποτυγχάνω
5	réaction, n. f.	reaction	Reaktion	reacción	reacção	αντίδραση
4	réalisateur, réalisatrice, n.	director	Regisseur	realizador	realizador	σκηνοθέτης
1	réaliser, v. tr.	to realize	realisieren	realizar	realizar	πραγματοποιώ
9	réaliste, adj.	realistic	realistisch	realista	realista	ρεαλιστής
9	réalité, n. f.	reality	Realität	realidad	realidade	πραγματικότητα
5	récent, adj.	recent	kürzlich	reciente	recente	πρόσφατος
4	réception, n. f.	reception	Empfang	recepción	recepção	υποδοχή
6	réchauffement, n. m.	warming	Erwärmung	recalentamiento	aquecimento	αναθέρμανση
2	recherche, n. f.	research	Forschung	busca, búsqueda	busca	έρευνα
7	réciproque, adj.	reciprocal	gegenseitig	recíproco	recíproco (a)	αμοιβαίο
3	recrutement, adv.	recruitment	Einstellung	reclutamiento, contratación	recrutamento	πρόσληψη
4	recruter, v. tr.	to recruit	einstellen	reclutar, contratar	recrutar, empregar	προσλαμβάνω
6	reculer, v. tr./intr.	to go back, retreat	weichen zurückgehen	diferir, retroceder	recuar	υποχωρώ
4	rédacteur, n. m.	sub-editor	Redakteur	redactor	redactor	συντάκτης
4	rédactionnel, adj.	editorial	Redaktions-	de la redacción	redaccional	συντακτικός
8	réfrigérateur, n. m.	refrigerator	Kühlschrank	refrigerador, nevera	frigorífico	ψυγείο
1	refuser, v. tr.	to refuse	weigern	negar	recusar	αρνούμαι
4	regard, n. m.	look	Blick	mirada	olhar	βλέμμα
6	régime, n. m.	diet	Regime	régimen	dieta	δίαιτα, διατροφή
8	règlement, n. m.	regulations	Vorschrift	reglamento	regulamento	κανονισμός
2	régler, v. tr.	to settle	regeln	reglar, regular, ordenar	resolver	κανονίζω
2	regretter, v. tr.	to regret	bedauern	lamentar, sentir	lamentar	λυπούμαι
3	regrouper, v. tr.	to group together	zusammenbringen	reagrupar	reagrupar	μαζεύω
3	rejoindre, v. tr.	to join	treffen	llegar a, encontrarse con	ter (com)	συναντώ
9	reloger, v. tr.	to re-house	unterbringen	alojar en otra casa	realojar	επανεγκαθιστώ
4	remarquer, v. tr.	to remark	bemerken	notar	reparar	σημειώνω
5	rembourser, v. tr.	to reimburse	zurückzahlen	reembolsar	reembolsar	επιστρέφω χρήματα
6	remettre, v. tr.	to restore, (to promote again)	restaurieren, erschließen	volver a poner o meter	recolocar	αποδίδω
3	rémunération, n. f.	remuneration, pay	Bezahlung	remuneración	remuneração	αμοιβή
3	renard, n. m.	fox	Fuchs	zorro	raposa	αλεπού
6	renouvelable, adj.	renewable	erneuerbar	renovable	renovável	ανανεώσιμος
4	rentabiliser, v. tr.	to make profitable	rentabilisieren	rentabilizar	rentabilizar	αξιοποιώ
8	renvoyer, v. tr.	to send back	zurückschicken	devolver	devolver	αποστέλλω
8	réparation, n. f.	repairing	Reparatur	reparación	reparação	επιδιόρθωση
8	répartir, v. tr.	to divide (between)	verteilen	repartir, distribuir	repartir	κατανέμω
9	repasser, v. tr.	to take (exam) again	wiederholen-machen	volver a pasar	fazer de novo	ξαναπερνώ
5	repère, n. m.	reference point	Markierung	señal, marca	referência	σημείο αναφοράς
5	repérer, v. tr.	to perceive	ausfindig machen	señalar, marcar	localizar	εντοπίζω
4	reportage, n. m.	report	Reportage	reportaje	reportagem	ρεπορτάζ
3	représentatif, représentative, adj.	representative	representativ	representativo	representativo	αντιπροσωπευτικός
2	représentation, n. f.	representation	Vorstellung	representación	representação	παράσταση
5	réprimer, v. tr.	to repress	unterdrücken	reprimir	reprimir	καταπνίγω
7	reprise, n. f.	resumption	Wiederaufnahme	recuperación	retomada	ανάκαμψη
5	réputation, n. f.	reputation	Ruf	fama	reputação	φήμη
5	rescapé, n. m.	survivor	Überlebende	superviviente	sobrevivente	διασωθείς
7	réseau, n. m.	network	Netz	red	rede	δίκτυο
7	réserve (naturelle), n. f.	nature reserve	Park	reserva (natural)	reserva (natural)	εθνικό πάρκο
6	réserver, v. tr.	to reserve	reservieren	reservar	reservar	κρατώ κατά μέρος
5	respecter, v. tr.	to respect	respektieren	respetar	respeitar	σέβομαι
3	respectueux, adj.	respectful	respektvoll	respetuoso	respeitoso	ευσεβής
3	responsabilité, n. f.	responsibility	Verantwortung	responsabilidad	responsabilidade	ευθύνη, υπευθυνότητα
3	ressource, n. f.	resource	Möglichkeit	recurso	recurso	πηγή
8	restauration, n. f.	catering, fast-food	Gaststättengewerbe	de restaurantes	restauração	αποκατάσταση
8	restaurer, v. tr.	to restore	restaurieren	restaurar	restaurar	αναστηλώνω
3	résultat, n. m.	result	Resultat	resultado	resultado	αποτέλεσμα
4	rétablir, v. tr.	to restore (bring back to normal)	wiederherstellen	restablecer	restabelecer	αποκαθιστώ
1	retenir, v. tr.	to retain	zurückhalten	retener	reter, reservar	συγκρατώ
1	retourner, v. tr.	to return	zurückkommen	volver	regressar	ξαναγυρίζω
5	retraité, n. m.	retired person	Rentner	jubilado	reformado (a)	συνταξιούχος
1	retrouvailles, n. f. pl.	reunion	Wiedersehen	reencuentro	reencontro	συνάντηση μετά χωρισμό
3	réussite, n. f.	success	Gelingen	éxito	êxito	επιτυχία
6	revanche, n. f.	revenge	Revanche	revancha	compensação, desforra	εκδίκηση

	French	English	German	Spanish	Portuguese	Greek
1	rêve, *n. m.*	dream	Traum	sueño	sonho	όνειρο
9	révéler, *v. tr.*	to reveal	aufdecken	revelar	revelar	αποκαλύπτω
9	revendication, *n. f.*	claim	Forderung, Bekennung	reivindicación	reivindicação	διεκδίκηση
2	rêver, *v. intr.*	to dream	träumen	soñar	sonhar	ονειρεύομαι
5	révolte, *n. f.*	revolt, (*here:* disgust)	Revolte	revuelta	revolta	ξεσηκωμός
5	riche, *adj.*	rich	reich	rico	rico (a)	πλούσιος
2	ridicule, *adj.*	ridiculous	lächerlich	ridículo	ridículo (a)	γελοίος
3	risque, *n. m.*	risk	Risiko	riesgo	risco	ρίσκο
8	riverain, *n. m.*	resident	Anlieger	vecino	morador	παρόχθιος
9	roi, *n. m.*	king	König	rey	rei	βασιλιάς
2	rôle, *n. m.*	role	Rolle	papel	papel	ρόλος
2	roman, *n. m.*	novel	Roman	novela	romance	μυθιστόρημα
5	routier/routière, *adj.*	road	Strassen-	de carreteras	rodoviário (a)	σχετικός με δρόμο
9	rythme, *n. m.*	rhythm	Rhythmus	ritmo	ritmo	ρυθμός
9	sacrifier, *v. tr.*	to sacrifice	opfern	sacrificar	sacrificar	θυσιάζω
1	saisonnier, *adj.*	seasonal	saisonabhängig	estacional	sazonal	εποχιακός
4	salaire, *n. m.*	salary	Gehalt	salario	salário	μισθός
6	sale, *adj.*	dirty	schmutzig	sucio	sujo (a)	βρώμικος
7	salir, *v. tr.*	to make dirty	verschmutzen	ensuciar	sujar	βρωμίζω
4	sang, *n. m.*	blood	Blut	sangre	sangue	αίμα
3	satisfaction, *n. f.*	satisfaction	Genugtuung	satisfacción	satisfação	ικανοποίηση
2	sauter, *v. tr./intr.*	to jump	springen	saltar	saltar	πηδώ
8	sauvage, *adj.*	wild	wild	salvaje	selvagem	άγριος
5	sauveteur, *n. m.*	rescuer	Retter	salvador	salvador	σώστης
7	savoir, *n. m.*	knowledge	Wissen	saber	saber	γνώση
8	scandaleux, *adj.*	outrageous	skandalös	escandaloso	escandaloso	σκανδαλώδες
5	scandaliser, *v. tr.*	to shock deeply	empören	escandalizar	escandalizar	προκαλώ
2	scénario, *n. m.*	scenario	Szenario	guión	cenário	σενάριο
4	scénariste, *n. m.*	scriptwriter	Drehbuchautor	guionista	argumentista	σεναριογράφος
4	schéma, *n. m.*	diagram, sketch	Schema	esquema	esquema	σχήμα, πλάνο
7	scie, *n. f.*	saw	Säge	sierra	serra	πριόνι
1	sculpture, *n. f.*	sculpture	Skulptur	escultura	escultura	γλυπτό
3	secourisme, *n. m.*	first aid	Rettungsdienst	socorrismo	socorrismo	πρώτες βοήθειες
5	secours, *n. m.*	help	(erste) Hilfe	socorro	socorro	βοήθεια
4	secteur, *n. m.*	sector	Sektor	sector	sector	τομέας
8	section, *n. f.*	section	Sektion	sección	secção	τμήμα
5	sécurité, *n. f.*	security, safety	Sicherheit	seguridad	segurança	ασφάλεια
2	séduire, *v. tr.*	to attract	verführen	seducir	seduzir	γοητεύω
9	séduisant, *adj.*	attractive	verführerisch	atractivo (a)	sedutor (a)	γοητευτικός
9	séjourner, *v. intr.*	to stay	aufhalten	residir, permanecer	morar	διαμένω
2	sembler, *v. intr.*	to seem	scheinen	parecer	parecer	φαίνομαι
6	sénateur, *n. m.*	senator	Senator	senador	senador	γερουσιαστής
5	sensation, *n. f.*	sensation	Sensation	sensación	sensação	αίσθηση
3	sensibiliser, *v. tr.*	to make aware	sensibilisieren	sensibilizar	sensibilizar	ευαισθητοποιώ
4	séparer, *v. tr.*	to separate	trennen	separar	separar	χωρίζω
5	séquence, *n. f.*	sequence	Folge	secuencia	sequência	σειρά
6	significatif, *adj.*	significant	bezeichnend	significativo	significativo (a)	σημασιολογικός
9	silencieux, *adj.*	silent	leise	silencioso	silencioso (a)	σιωπηλός
2	sincèrement, *adv.*	sincerely	aufrichtig	sinceramente	sinceramente	ειλικρινά
2	singe, *n. m.*	monkey	Affe	mono	macaco	μαϊμού
4	site, *n. m.*	site	Site	sitio	site	ιστοσελίδα, τοποθεσία
4	situer, *v. tr.*	to situate	liegen	situar	situar	τοποθετώ
1	sketch, *n. m.*	sketch	Sketch	sketch	sketch	σκετς
3	société, *n. f.*	society	Gesellschaft	sociedad	sociedade	κοινωνία
2	sociologue, *n. m.*	sociologist	Soziologe	sociólogo	sociólogo	κοινωνιολογία
5	soigner, *v. tr.*	to treat	heilen, pflegen	cuidar, curar	cuidar, tratar	φροντίζω, παρακολουθώ
5	sol, *n. m.*	ground	Boden	suelo	solo	έδαφος
5	solidarité, *n. f.*	basement	Solidarität	solidaridad	solidariedade	αλληλεγγύη
3	sondage, *n. m.*	opinion poll	Umfrage	sondeo	sondagem	δημοσκόπηση
2	sonore, *adj.*	sound	klanglich	sonoro	sonoro (a)	ηχητικός
4	souci, *n. m.*	concern	Sorge	preocupación	preocupação	έγνοια
2	souhaitable, *adj.*	desirable	wünschenswert	deseable	desejável	επιθυμητέος
5	soumettre, *v. tr.*	to submit	unterbreiten	someter	submeter	υποβάλλω
5	soupçonneux, *adj.*	suspicious	argwöhnisch	sospechoso	desconfiado	δύσπιστος
9	source, *n. f.*	source	Quelle	fuente	fonte	πηγή
6	souriant, *adj.*	smiling	lächelnd	sonriente	alegre	χαμογελαστός
7	soutenir, *v. tr.*	to support	unterstützen	sostener	sustentar, apoiar	υποστηρίζω
2	souvenir (se), *v. pron.*	to remember	erinnern, sich	acordarse	lembrar (-se)	θυμάμαι
7	spécial, *adj.*	special	spezial	especial	especial	ειδικός
7	spéculation, *n. f.*	speculation	Spekulation	especulación	especulação	κερδοσκοπία
7	spontanément, *adv.*	spontaneously	spontan	espontáneamente	espontaneamente	αυθόρμητα
7	standing, *n. m.*	social standing	Standing, Niveau	nivel de vida, categoría	conforto, status social	πολυτέλεια
4	station (de radio), *n. f.*	radio station	(Radio)sender	estación (de radio)	estação (de rádio)	σταθμός
4	stationner, *v. tr.*	to park	parken	estacionar, aparcar	estacionar	σταθμεύω
1	statistique, *n. f.*	statistics	Statistik	estadísticas	estatística	στατιστική
3	sténo, *n. f.*	shorthand	Steno	taquígrafa, estenógrafa	estenografia, estenógrafo (a)	στενογραφία
8	studio, *n. m.*	studio apartment	Ziwohnung	apartamento de una sola habitación	estúdio	γκαρσονιέρα
9	style, *n. m.*	style	Stil	estilo	estilo	ύφος
5	substance, *n. f.*	substance	Substanz	substancia	substância	ουσία

S

	French	English	German	Spanish	Portuguese	Greek
2	subvention, n. f.	subsidy	Subvention	subvención	subsídio	επιχρήγηση
1	succès, n. m.	success	Erfolg	éxito	sucesso	επιτυχία
7	suffire, v. tr. ind.	to be enough	reichen, genügen	bastar	bastar	αρκώ, επαρκώ
2	suggérer, v. tr.	to suggest	vorschlagen	sugerir	sugerir	προτείνω
3	surprendre, v. tr.	to surprise	überraschen	sorprender	surpreender	ξαφνιάζω
5	surprise, n. f.	surprise	Überraschung	sorpresa	surpresa	έκπληξη
6	surveiller, v. tr.	to watch	überwachen	vigilar	cuidar, vigiar	επιβλέπω
5	survivre, v. intr.	to survive	überleben	sobrevivir	sobreviver	επιζώ
2	susceptible, adj.	sensitive	empfindlich	susceptible	susceptível	υπερευαίσθητος
5	suspect, adj.	suspicious	verdächtig	sospechoso	suspeito	ύποπτος
2	suspense, n. m.	suspense	Spannung	suspenso	suspense	αγωνία
2	tambour, n. m.	drum	Trommel	tambor	tambor	ταμπούρλο
4	tas, n. m.	heap (here: on the job)	Haufen	montón (lit.), terreno (en el)	(na) prática	μάτσο
6	taux, n. m.	rate	Satz, Ratz	tasa	taxa	ποσοστό
3	technique, adj.	technical	technisch	técnico	técnico	τεχνική
5	télécharger, v. tr.	to download	herunterladen	cargar, descargar	telecarregar	κατεβάζω
4	téléspectateur, n. m.	TV viewer	Fernsehzuschauer	telespectador	telespectador	τηλεθεατής
4	télévisé, adj.	televised	ausgestrahlt	televisado	noticiário	τηλεοπτικός
5	témoignage, n. m.	testimony	Aussage	testimonio	testemunho	μαρτυρία
5	témoin, n. m.	witness	Zeuge	testigo	testemunha	μάρτυρας
2	tempête, n. f.	storm	Sturm	temporal	tempestade	καταιγίδα
7	tenter, v. tr.	to attempt	versuchen	intentar	tentar	δοκιμάζω
6	terme, n. m.	term	Begriff	plazo	prazo	χρονικό διάστημα
4	terrain, n. m.	field	Gebiet	terreno	área	οικόπεδο
6	terrestre, adj.	terrestrial	Erd-	terrestre	terrestre	γήινος
2	test, n. m.	test	Test	test, prueba	teste	τεστ, δοκιμασία
4	thématique, adj./n. f.	theme-based	thematisch, Thematik	temática	temático (a)	θεματικός
3	thèse, n. f.	thesis	These	tesis	tese	διατριβή
9	tirer, v. tr.	to pull	ziehen	tirar, sacar	tirar, atirar, sortear	τραβώ
4	toile, n. f.	web	Internet, Netz	Web	web	δίκτυο
2	tolérant, adj.	tolerant	tolerant	tolerante	tolerante	ανεκτικός
6	tort (avoir), loc. v.	to be wrong	Unrecht (haben)	error (cometer un)	culpa (ter)	άδικο
2	toucher, v. tr.	to touch, concern	berühren	afectar	comover	αγγίζω
4	tournage, n. m.	shooting (film)	Dreharbeiten	rodaje	filmagem	γύρισμα ταινίας
1	tournée, n. f.	tour	Tournee	gira	viagem	περιοδεία
7	tract, n. m.	leaflet	Flugblatt	libelo, pasquín	panfleto	τρακτ
5	trafic, n. m.	traffic	Verkehr	tráfico	tráfego	κυκλοφορία
9	traîner, v. tr.	to hang around	schleppen	perder su tiempo	andar por aí	σείρω
7	traire, v. tr.	to milk	melken	ordeñar	ordenhar	αρμέγω
6	tramway, n. m.	tramway	Tram	tranvía	eléctrico	τραμ
6	transformer, v. tr.	to transform	umändern	transformar	transformar	μεταμορφώνω
5	transmettre, v. tr.	to transmit	übertragen	transmitir	transmitir	μεταδίδω
6	transporter, v. tr.	to transport	transportieren	transportar	transportar	μεταφέρω
2	travailleur, n. m.	worker	Arbeiter	trabajador	trabalhador	εργαζόμενος
4	tremblement, n. m.	earthquake	Beben	temblor	tremor	σεισμός
8	tremplin, n. m.	springboard	Sprungbrett	trampolín	trampolim	εφαλτήριο
3	trilingue, adj.	trilingual	dreisprachig	trilingüe	trilingue	τρίγλωσσος
5	tristesse, n. f.	sorrow	Traurigkeit	tristeza	tristeza	λύπη
2	trompette, n. f.	trumpet	Trompete	trompeta	trompete	τρομπέτα
7	trophée, n. m.	trophy	Trophäe	trofeo	troféu	τρόπαιο
5	trouble, n. m.	trouble	Störung	desorden, turbación	perturbação	ενόχληση
1	troupe, n. f.	troupe	Truppe	compañía	companhia (de teatro)	θίασος
5	truc, n. m.	thing	Zeug	chisme, cosa	coisa	κόλπο, πράγμα
2	tuer, v. tr.	to kill	töten	matar	matar	σκοτώνω
5	union, n. f.	union	Union	unión	união	ένωση
7	unique, adj.	unique	einzig	único	único	μοναδικός
9	unir, v. tr.	to unite	vereinen	unir	unir	ενώνω
4	urbain, adj.	urban	Stadt-	urbano	urbano	αστικός
6	urbanisme, n. m.	town planning	Städtebau	urbanismo	urbanismo	πολεοδομία
8	utilisateur, n. m,	user	Benutzer	usuario	utilizador	χρήστης
5	utiliser, v. tr.	to use	gebrauchen	utilizar	utilizar	χρησιμοποιώ
6	valeur, n. f.	value	Wert	valor	valor	αξία
6	varier, v. tr.	to vary	variieren	variar	variar	ποικίλλω
5	vedette, n. f.	star	Star	estrella, diva	vedeta	πρωταγωνίστρια
7	végétal, adj.	plant	pflanzlich	vegetal	vegetal	φυτικός
4	veiller, v. tr.	to ensure, attend to	achten auf	velar	cuidar	προσέχω, φυλλάω
4	véritable, adj.	veritable	echt	verdadero	verdadeiro (a)	πραγματικός
8	vérité, n. f.	truth	Wahrheit	verdad	verdade	αλήθεια
5	victime, n. f.	victim	Opfer	victima	vítima	θύμα
7	victoire, n. f.	victory	Sieg	victoria	vitória	νίκη
4	vilain, adj.	nasty	häßlich	feo, malo, ruín	vilão, feio	άσχημος
4	violence, n. f.	violence	Gewalt	violencia	violência	βία
2	violent, adj.	violent	heftig	violento	violento	βίαιος
1	violon, n. m.	violin	Geige	violín	violino	βιολί
5	visiblement, adv.	visibly	sichtbar	visiblemente	visivelmente	προφανώς
8	vivant, adj.	living, alive	lebendig	vivo	vivo	ζωντανό
3	voix, n. f.	voice	Stimme	voz	voz	φωνή
4	vol, n. m.	flight	Flug	vuelo	voo	κλοπή
4	voleur, n. m.	thief	Dieb	ladrón	ladrão	κλέφτης
9	volonté, n. f.	determination	Wille	voluntad	vontade	ιέληση

Imprimé en Italie par Rotolito Lombarda
Dépôt légal n° 33215-04/2003 - Collection n°50 - Edition 03
15/5138/1